Machine Learning
for **Asset Managers**
자산운용을 위한 금융 머신러닝

Machine Learning
for Asset Managers
자산운용을 위한 금융 머신러닝

자산운용 매니저를 위한 머신러닝 지침서

마르코스 로페즈 데 프라도 지음 이기홍 옮김

i!i
에이콘

에이콘출판의 기틀을 마련하신 故 정완재 선생님 (1935-2004)

지은이 소개

마르코스 로페즈 데 프라도^{Marcos M. Lopez de Prado}

코넬대학 공과대학교 교수, 트루 포지티브 테크놀로지스^{TPT, True Positive Technologies}의 최고정보관리책임자^{CIO, Chief Infomation Officer}이다. 머신러닝 알고리즘과 슈퍼 컴퓨터의 도움을 받아 20년 넘게 투자 전략을 개발한 경험이 있다. 2019년에는 「저널 오브 포트폴리오 매니지먼트^{The Journal of Portfolio Management}」에서 '올해의 퀀트^{Quant}상'을 받았다. 자세한 내용은 www.QuantResearch.org을 참고하기 바란다.

감사의 말

리카르도 레보나토Ricardo Rebonato 교수는 친절하게도 이 책을 그가 편집한 시리즈에 게재해 달라고 요청했다. 프랭크 파보치Frank Fabozzi 교수는 이 책의 내용과 범위에 대해 실질적인 제안을 했다. 내가 로렌스 버클리 국립 연구소에 있을 때, 이 책에 소개된 많은 기술을 테스트했다. 특히 홀스트 사이먼Horst Simon 교수와 케성 우Kesheng Wu 박사에게 감사한다. 마지막으로 지난 20년 동안 같이 작업한 약 30명의 공저자에게 그들의 지속적인 지지와 영감에 대해 감사하고 싶다.

옮긴이 소개

이기홍(keerhee@gmail.com)

카네기멜론 대학교에서 석사 학위를 받았고, 피츠버그 대학교 Finance Ph.D, CFA, FRM이며 금융, 투자, 경제분석 전문가다. 삼성생명, HSBC, 새마을금고 중앙회, 한국투자공사 등과 같은 국내 유수의 금융 기관, 금융 공기업에서 자산운용 포트폴리오 매니저로 근무했으며, 현재 딥러닝과 강화학습을 금융에 접목시켜 이를 전파하고 저변을 확대하는 것을 보람으로 삼고 있다. 저서(공저)로는 『엑셀 VBA로 쉽게 배우는 금융공학 프로그래밍』(한빛미디어, 2009)이 있으며, 번역서로는 『포트폴리오 성공 운용』(미래에셋투자교육연구소, 2010), 『딥러닝 부트캠프 with 케라스』(길벗, 2017), 『프로그래머를 위한 기초 해석학』(길벗, 2018), 『핸즈온 머신러닝·딥러닝 알고리즘 트레이딩』(에이콘, 2019), 『실용 최적화 알고리즘』(에이콘, 2020), 『초과 수익을 찾아서 2/e』(에이콘, 2020) 등이 있다. 누구나 자유롭게 머신러닝과 딥러닝을 자신의 연구나 업무에 적용해 활용하는 그날이 오기를 바라며 매진하고 있다.

옮긴이의 말

이 책은 퀀트 금융의 엘리먼트 시리즈를 통해서 로페즈 데 프라도 박사의 이전의 저서 『실전 금융 머신러닝 완벽 분석Advances in Financial Machine Learning』을 보완한 책이며, 개념적으로는 자산운용 일반에도 적용할 수 있다. 특히 퀀트 매니저와 퀀트 분석가들에게 지침이 될 수 있는 책이다. 비록 분량은 짧지만 머신러닝의 금융 응용에 대한 저자의 생각을 제시하고 있으며, 『실전 금융 머신러닝 완벽 분석』의 내용을 이해하기 위한 기초 개념을 더 자세히 설명하고 관련된 최근의 연구를 추가했으므로 『실전 금융 머신러닝 완벽 분석』의 자매서로 적극 권장한다.

이 책을 다 읽은 후에 독자들은 정보 이론을 기반으로 하는 거리 개념, 특히 상호 정보 및 정보 변분의 개념, 최적 군집수ONC, 계층적 군집화를 이용한 상관계수 행렬의 블록화, 추세를 이용한 레이블링, 평균 감소 불순도MDI, 평균 감소 정확도, 확률 가중 정확도, 계층적 리스크 패리티를 이용한 포트폴리오 구축 및 훈련셋뿐 아니라 테스트셋에서의 과적합 및 거짓 전략 정리 등의 개념에 익숙해질 것이다. 이들 개념은 머신러닝뿐 아니라 향후 금융 연구 및 금융 전략 개발을 수행하는 데 있어서 중요한 토대가 될 것이다. 덧붙이면, 이 책의 개념을 기반으로 『실전 금융 머신러닝 완벽 분석』을 다시 읽어 보면 많은 부분이 하나로 연결돼 완결로 수렴함을 알 수 있을 것이다

역자는 로페즈 데 프라도 박사가 한때 몸을 담았던 퀀트 펀드인 AQR과 개인적으로 많은 교류를 하였는데, 어떻게 보면 가장 스트리트 스마트한 영리적인 투자회사임에도 항상 학계의 새로운 연구와 인물들을 적극 고용하고 협력하는 것에 많은 감명을 받았다. 이러한 문화와 환경에서 로페즈 데

프라도 박사와 같이 금융 실무와 이론을 겸비한 학자가 탄생하는 것은 매우 자연스러운 일인지도 모른다. 우리나라에서도 산학협동이 적극적으로 이뤄져 이런 성격을 가진 사람들이 많이 배출됐으면 하는 소망으로 옮긴이의 말을 마친다.

차례

01
들어가며

1.1 동기 부여

통계학은 다른 수학적 학문보다 더욱더 시대의 산물이다. 만약 프랑시스 갤튼Francis Galton, 칼 피어슨Karl Pearson, 로널드 피셔Ronald Fisher, 저지 네이먼 Jerzy Neyman이 컴퓨터에 접근할 수 있었다면 그들은 전혀 다른 분야를 창조 했을지도 모른다. 고전적 통계학은 그 창립자들이 부분적으로 전산 능력의 접근성이 제한돼 있었기 때문에 단순 가정(선형성, 독립성), 표본 내 분석, 분석적 해와 점근적 특성에 의존한다. 오늘날 교차 검증, 앙상블 추정기, 규제화, 부트스트래핑bootstrapping, 몬테카를로Monte Carlo 등과 같은 계산 방법 이 입증 가능한 더 나은 해결책을 제공함에도 이들 많은 레거시legacy 방법 들이 대학 과정과 전문 인증 프로그램에서 계속 교육되고 있다.

에프론과 헤스티(Efron and Hastie, 2016, 53)의 표현에 의하면 다음과 같다.

> 수학적 취급 용이성이란 말은 모수적 모델에 대한 고전적인 선호도를 설명한다. 계산자와 느린 기계식 산술의 세계에서는 필연적으로 수학적 공식은 선택받은 계산 도구가 된다. 전산 자원이 풍부한 새로운 환경은 수학적 병목 현상을 제거 해 더 현실적이고 유연하며 광범위한 통계 기법을 제공한다.

경제 시스템은 고전적인 통계적 도구(López de Prado, 2019b)를 이해할 수 없는 정도의 복잡성을 보이기 때문에 금융 문제는 그러한 기존 방식에 특별한 문제를 제기한다. 그 결과 머신러닝[ML, Machine Learning]은 금융에서 점점 더 중요한 역할을 한다. 불과 몇 년 전만 해도 단기 가격 예측, 거래 실행, 신용 등급 설정 외에는 머신러닝 애플리케이션을 찾는 경우가 드물었다. 현재는 어떤 형태로든 머신러닝이 전개되지 않고 있는 사용 사례를 찾기 어렵다. 더 큰 데이터셋, 더 큰 컴퓨팅 능력, 더 효율적인 알고리즘이 모두 결합돼 금융 머신러닝의 황금기를 실현하기 때문에 이러한 경향은 바뀔 것 같지 않다. 머신러닝 혁명은 역동적인 회사들에게 기회를 만들어 주고 구식 자산 운용사들에게 도전을 안겨 준다. 이 혁명에 저항하는 회사들은 코닥[Kodak]의 운명을 함께할 것 같다. 이 책의 한 가지 동기는 현대적 통계적 도구가 자산 운용이라는 맥락에서 고전적 기법의 많은 결함을 해결하는 데 어떻게 도움이 되는지 입증하는 것이다.

대부분의 머신러닝 알고리즘은 원래 횡단면 데이터셋을 위해 고안됐다. 이는 데이터셋의 시계열 특성 모델링이 필수적인 재무 문제에 대한 직접적인 적용 가능성을 제한한다. 저자의 『실전 금융 머신러닝 완벽 분석[Advances in Financial Machine Learning]』(AFML; Lopez de Prado 2018a)은 머신러닝 알고리즘으로 금융 데이터셋의 시계열 특성을 모델링해야 하는 도전에 대해 우연히도 실무자가 된 학자의 관점에서 다뤘다.

『자산 운용 매니저들을 위한 머신러닝』은 또 다른 질문에 답하는 데 관심이 있다. 더 나은 금융 이론을 구축하는 데 머신러닝을 어떻게 사용할 수 있을까? 이것은 철학적이거나 수사적인 질문이 아니다. 당신이 금융에서 얻고자 하는 이점이 무엇이건 간에 그것은 오직 다른 누군가가 당신에게 이익이 되는 체계적인 실수를 한다는 관점에서만 정당화될 수 있다.[1] 당신의 이점을 설명하는 테스트 가능한 이론이 없다면 당신이 전혀 이점을 갖고 있

---

1 이는 또한 행동 편향, 일치하지 않는 투자 기간, 리스크 허용, 규제 제약, 투자자의 결정에 정보를 주는 기타 변수의 관점에서 체계적인 실수를 설명하는 팩터 투자 맥락에서도 사실이다.

지 않을 가능성이 있다. 투자 전략의 성과(백테스트)에 대한 역사적 시뮬레이션은 이론이 아니다. 그것은 결코 일어나지 않았던 과거에 대한 (아마도 비현실적인) 시뮬레이션이다(과거에 그 전략을 전개하지 않았다. 그래서 백테스트하는 것이다). 오직 이론만이 군중의 집단적 지혜에 반해 이익을 추출할 수 있는 명확한 인과관계 메커니즘을 포착할 수 있다. 즉, 이는 사실적 증거와 반사실적 사례를 설명하는 시험 가능한 이론이다(x는 y를 의미하며, y의 부재는 x의 부재를 의미한다). 자산 운용 매니저들은 거래 규칙을 백테스트할 것이 아니라 이론을 연구하는 데 노력을 집중해야 한다. 머신러닝은 금융 이론을 구축하는 강력한 도구로, 이 책의 주요 목표는 여러분이 노력하는 데 필요한 필수적인 기술을 소개하는 것이다.

1.2 이론이 중요하다

블랙스완black swan은 일반적으로 이전에 관찰되지 않았던 극단적인 사건으로 정의된다. 언젠가 누군가가 저자에게 계량 투자 전략은 무용지물이라고 말한 적이 있다. 어리둥절해서 저자가 이유를 물었다. 그는 "미래는 블랙스완으로 채워져 있고, 정의상 역사적 데이터셋은 전에 볼 수 없는 사건을 포함할 수 없기 때문에 머신러닝 알고리즘은 블랙스완을 예측하도록 훈련할 수 없다"고 답했다. 저자는 많은 경우에 블랙스완이 예견돼 왔다고 반론을 폈다.

이 명백한 모순을 일화로 설명하겠다. 지난 2010년, 저자는 미국의 한 대형 헤지펀드에서 고빈도 선물거래팀의 팀장을 맡았다. 5월 6일, 우리는 유동성 공급 알고리즘들을 평소와 같이 운영하고 있었는데, ET(동부표준시 즉 뉴욕시간 - 옮긴이) 12시 30분경, 다수의 알고리즘이 자동적으로 포지션을 청산하기 시작했다. 우리는 시스템에 간섭하거나 오버라이드override하지 않았다. 그래서 몇 분 안에 우리의 시장 노출은 매우 작아졌다. 이런 시스템 행태는 이전에 우리에게 일어난 적이 없다. 우리 팀과 저자는 무엇이 시스템을 스스로 멈추게 만들었는지 세밀한 분석을 하고 있었는데, 14시 30분경에 S&P 500이 시가에 비해 거의 10%나 급감하는 것을 몇 분 안에 보았다. 얼마 지나지 않아 우리의 시스템은 공격적으로 매수하기 시작해 시장 마감에 이르면서 발생한 5% 상승률로부터 이익을 얻었다. 언론은 이 블랙 스완을 '플래시 크래시flash crash'라고 불렀다. 우리는 이 에피소드에 두 번 놀랐다. 첫째, 우리 시스템이 개발자인 우리들조차 예상하지 못했던 이벤트를 어떻게 예측했는지 이해할 수 없었다. 둘째, 우리는 왜 우리 시스템이 시장이 바닥을 친 직후부터 매수를 시작했는지 이해할 수 없었다.

약 5개월 뒤 공식 조사 결과 급락은 7만 5,000건의 E-mini S&P 500 선물 계약에 대한 높은 참여율의 매도 주문에 따른 것으로 드러났다(CFTC미국 상품 선물거래위원회 2010). 그 큰 주문은 주문 흐름의 지속적인 불균형을 초래했고, 시장 조성자market maker[2]들이 손해를 보지 않고 재고를 청산하는 것을 매우 어렵게 만들었다. 이러한 독성 있는 주문 흐름은 유동성 공급을 중단한 시장 조성자들 사이에 손절 트리거를 촉발시켰다. 시장 조성자가 공격적인 유동성 소모자[3]가 됐고, 매수 호가가 없어지면서 시장은 불가피하게 붕괴됐다(Easley et al. 2011).

CNBC를 보거나 『월스트리트저널Wall Street Journal』을 읽으며 플래시 크래시를 예측할 수는 없었을 것이다. 대부분의 관측자들에게 그 플래시 크래시는 정말로 예측할 수 없는 블랙스완이었다. 그러나 플래시 크래시의 근본적 원인은 매우 일반적인 것이다. 주문 흐름은 거의 항상 완벽한 균형을 갖지 못한다. 사실 다양한 정도의 지속성(예: 시계열 상관관계로 측정)을 갖는 불균형적 주문 흐름이 정상이다. 우리의 시스템은 주문 흐름 불균형이라는 극단적인 조건에서 포지션을 줄이도록 훈련돼 있었다. 즉 이들은 곧 블랙스완을 일으키는 조건을 피하도록 훈련돼 있었던 것이다. 일단 시장이 붕

---

2 특정 주식 또는 선물을 사고 파는 사람들 중간에 끼어들어 원활한 매매를 일으키게 하는 중개자 역할을 한다. 즉 시장 조성자는 매수와 매도 양방향에 일정 수량의 주문을 유지해 투자자들이 거래를 원하는 경우 거래를 할 수 있도록 한다. 단순 중개자와 달리 재고를 유지하면서 유동성을 공급해 시장을 지지하는 역할을 한다. - 옮긴이
3 선물 매도자 - 옮긴이

괴되면 우리 시스템은 시장 붕괴에 따라 발생한 10% 할인된 가격으로 살수 있는 기회가 이전의 극단적 주문 흐름 불균형으로부터의 우려를 상쇄한다는 것을 인식했고, 그들은 장이 마감될 때까지 롱 포지션을 취했다. 이경험은 이 책에 포함된 두 가지 가장 중요한 교훈을 보여 준다.

1.2.1 교훈1: 이론이 필요하다

일반적인 믿음과는 달리 백테스트는 연구 도구가 아니다. 백테스트는 전략이 참 양성이라는 것을 결코 증명할 수 없으며, 전략이 거짓 양성이라는 증거만 제공할 수 있다. 백테스트만을 통해서 전략을 개발하지 마라. 전략은역사적 시뮬레이션이 아니라 이론에 의해 뒷받침돼야 한다. 당신의 이론은특정 사례들을 설명할 수 있을 만큼 충분히 일반적이어야 한다. 비록 그 사례가 블랙스완일지라도 말이다. 블랙홀$^{black\ hole}$의 존재는 첫 번째 블랙홀이관측되기 50여 년 전에 일반상대성 이론에 의해 예측됐다. 위의 이야기에서 우리의 시장 미시 구조 이론(이는 나중에 거래량 기준 정보 거래 확률 모형 VPIN, Volume-Synchronized Probability of Informed Trading 이론으로 알려진 것이다. Easley et al. 2011b)은 블랙스완을 예측하고 이로부터 이익을 얻는 데 도움을 줬다. 그뿐만 아니라 우리의 이론적 연구도 시장 회복에 기여했다(동료들은 우리가 '플래시'를 '플래시 크래시'에 넣는 것을 도왔다고 농담을 하곤 했다). 이 책에서는 자신의 이론을 발견하는 데 필요한 몇 가지 도구를 포함한다.

1.2.2 교훈2: 머신러닝은 이론을 발견하는 것을 돕는다

새로운 금융 이론을 발견하고자 다음과 같은 접근법을 고려하라. 먼저 복잡한 현상에 수반되는 숨겨진 변수를 파악하는 데 머신러닝 도구를 적용한다. 이것들은 성공적인 예측을 하고자 반드시 이론이 포함해야 하는 재료들이다. 머신러닝 도구는 이러한 재료들을 확인했지만, 재료들을 하나로묶는 정확한 방정식은 직접적으로 알려 주지 않는다. 둘째, 구조적 명제를통해 이러한 재료들을 연결하는 이론을 공식화한다. 이 구조적 명제는 본

질적으로 특정한 인과관계 메커니즘을 가정한 방정식의 체계다. 셋째, 이론은 첫 번째 단계에서 머신러닝 도구에 의해 예측된 관측치를 넘어서는 광범위한 시험 가능한 함의를 갖고 있다.[4] 성공적인 이론은 샘플 외 사건을 예측할 것이다. 더욱이 양성 사건(x가 y를 초래한다)뿐만 아니라 음성 사건(y의 부재는 x의 부재를 초래한다)도 설명할 것이다.

위의 발견 프로세스에서 머신러닝은 사양 탐색에서 변수 탐색을 분리하는 핵심 역할을 한다. 경제 이론은 종종 '참 가치를 알 수 없는 사실'(Romer 2016)과 '일반적으로 거짓'인 가정(Solow 2010)에 근거한다는 비판을 받는다. 현대 금융 시스템의 복잡성을 고려할 때 연구자가 데이터를 눈으로 검사하거나 몇 개의 회귀 분석을 통해 이론의 재료를 밝혀 낼 수 있을 것 같지는 않다. 고전적인 통계적 방법으로는 이 두 탐색의 분리를 허용하지 않는다.

일단 이론이 테스트되면 그 자체로 작동한다. 이렇게 해서 머신러닝 알고리즘이 아닌 이론이 예측을 한다. 위의 일화에서 자율적인 머신러닝 알고리즘에 의해 생성된 온라인 예측이 아닌 이론이 그 포지션을 청산했다. 예측은 이론적으로 건전했고, 어떤 정의되지 않은 패턴에 근거한 것이 아니었다. 머신러닝 기법의 도움 없이는 이론이 발견될 수 없었던 것은 사실이지만, 일단 이론이 발견된 상황에서 플래시 크래시 2시간 전에 포지션을 닫는 결정에 머신러닝 알고리즘은 아무런 역할을 하지 않았다. 금융에서 머신러닝을 가장 통찰력 있게 사용하는 것은 이론을 발견하는 것이다. 금융 예측을 위해 머신러닝을 성공적으로 사용할 수 있지만, (특히 고빈도 투자 전략을 개발하는 것이 목표라면) 반드시 머신러닝이 이 기술의 가장 좋은 과학적 사용은 아니다.

---

4 이론은 백테스트보다 더 강력한 도구로 테스트될 수 있다. 예를 들어, 우리는 플래시 크래시로 손해를 본 시장 조성자들을 조사할 수 있다. 그들이 주문 흐름 불균형을 감시했는가? 주문 흐름 불균형 운임을 모니터링하는 시장 조성자들이 더 잘 할 수 있었는가? 그날의 FIX 메시지에서 그들이 더 일찍 물러섰다는 증거를 찾을 수 있을까? 거래 규칙의 역사적 시뮬레이션은 우리에게 이런 수준의 통찰력을 줄 수 없다.

1.3 어떻게 과학자들이 머신러닝을 이용하는가

머신러닝 알고리즘은 모델 사양에 대한 인간의 지침이 거의 없이 고차원 공간에서 복잡한 패턴을 학습한다. 연구자가 머신러닝 모델을 지정할 필요가 없다는 것은 많은 사람들이 머신러닝이 블랙박스여야 한다는 그릇된 결론을 내리게 만들었다. 그런 관점에서 볼 때 머신러닝은 단지 '오라클oracle', 즉 어떤 이해도 불가능한 예측 머신일 뿐이다.[5] 머신러닝의 블랙박스 견해는 잘못된 생각이다. 이는 더 나은 예측에 대한 탐색이 이론적 이해의 필요보다 중요한 머신러닝의 산업적 응용에서의 인기에 의해 촉발된 것이다. 최근의 과학적 혁신에 대해 살펴보면, 다음을 포함해 과학에서의 머신러닝의 사용이 근본적으로 다르다는 것을 보여 준다.

1. **존재**: 머신러닝은 경험 과학을 넘어 모든 과학 분야에 걸쳐 이론의 타당성을 평가하고자 사용됐다. 특히 머신러닝 알고리즘은 수학적인 발견을 하는 데 도움을 줬다. 머신러닝 알고리즘은 정리를 증명할 수는 없지만, 발견되지 않은 정리의 존재를 지적할 수 있으며, 이들 정리들은 추측될 수 있고, 결국 증명될 수 있다. 즉 어떤 것을 예측할 수 있다면 메커니즘을 밝힐 수 있다는 희망이 있는 것이다(Gryak et al., 곧 발표 예정).

2. **중요도**: 머신러닝 알고리즘은 설명 및/또는 예측 목적을 위한 설명 변수(특징, 머신러닝 용어)의 상대적 정보 내용을 결정할 수 있다(Liu 2004). 예를 들어, 평균 감소 정확도MDA, Mean-Decrease Accuracy 방법은 다음 단계를 밟는다. (1) 특정 데이터셋에 머신러닝 알고리즘을 적합화한다. (2) 샘플 외 교차 검증 정확도를 도출한다. (3) 개별 특성 또는 특성 조합의 시계열을 셔플shuffle한 후 단계 (2)를 반복한다. (4) (2)와 (3) 사이의 정확도의 감소를 계산한다. 중요한 특성의 시계열을 셔플하면

---

5 여기서 복잡성 이론에서 오라클의 일반적 정의를 사용한다. 즉 어떠한 경우의 주어진 계산 문제에 대해서도 해를 제공할 수 있는 블랙박스다.

정확도가 상당히 감쇠할 것이다. 따라서 MDA는 기저의 메커니즘을 밝혀 내지 못하지만, 이론의 일부여야 할 변수를 발견한다.

3. **인과성**: 머신러닝 알고리즘은 종종 다음과 같은 단계를 따라 인과 추론을 평가하고자 활용된다. (1) 효과가 없는 경우 과거 데이터에 머신러닝 알고리즘을 적합화해 결과를 예측한다. 이 모델은 비이론적이며, 순수하게 (오라클같이) 데이터에 의해 구동된다. (2) 효과가 존재하는 경우에 결과의 관측치를 수집한다. (3) (1)에서 적합화된 머신러닝 알고리즘을 사용해 (2)에서 수집된 관측치를 예측한다. 예측 오류는 주로 효과에 기인할 수 있으며, 인과 이론이 제안될 수 있다(Varian 2014; Athey 2015).

4. **축소**: 머신러닝 기술은 크고, 고차원적이며 복잡한 데이터셋을 시각화하는 데 필수적이다. 예를 들어, 매니폴드manifold 학습 알고리즘은 다수의 관찰을 동료 그룹의 축소된 부분 집합으로 군집화할 수 있으며, 이들 부분 집합의 구별되는 특성을 분석할 수 있다(Schlecht et al. 2008).

5. **추출**: 머신러닝은 인간이 인식하지 못한 패턴을 찾고자 빅데이터를 스캔하는 데 사용된다. 예를 들어, 매일 밤 머신러닝 알고리즘은 초신성supernova을 찾기 위해 수백만 개의 이미지를 공급받는다. 일단 그들이 초신성을 포함할 가능성이 높은 하나의 이미지를 발견하게 되면 값비싼 망원경은 우주의 특정 지역을 가리켜 인간이 그 데이터를 면밀히 조사할 수 있도록 한다(Lochner et al. 2016). 두 번째 예로는 특이치 탐지다. 특이치를 찾는 것은 설명의 문제라기보다는 예측의 문제다. 머신러닝 알고리즘은 비록 그 구조가 우리에게 설명되지 않더라도 데이터에서 발견한 복잡한 구조에 기초해 이상 현상 관찰을 탐지할 수 있다(Hodge and Austin 2004).

이론 대신 머신러닝은 풍부한 경험적 증거를 바탕으로 과학자들이 이론을 형성할 수 있도록 돕는 중요한 역할을 한다. 마찬가지로 머신러닝은 경제학자들이 강력한 데이터 과학 도구를 건전한 이론의 개발에 적용할 수 있는 기회를 열어 준다.

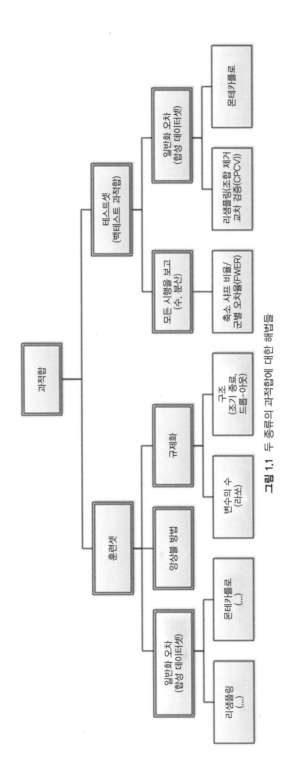

그림 1.1 두 종류의 과적합에 대한 해법들

1.4 두 가지 형태의 과적합

머신러닝 유연성의 어두운 측면은 무경험자에 의해 이러한 알고리즘이 데이터를 쉽게 과적합할 수 있다는 것이다. 과적합의 주요 증상은 모델의 샘플 내 성과와 샘플 외 성과 사이의 차이(일반화 오류로 알려져 있다)다. 훈련셋에서 발생하는 과적합과 테스트셋에서 발생하는 과적합의 두 가지 유형을 구별할 수 있다. 그림 1.1은 머신러닝이 두 종류의 과적합을 처리하는 방법을 요약한다.

1.4.1 훈련셋 과적합

훈련셋 과적합은 신호뿐만 아니라 잡음까지 설명할 정도로 유연한 사양을 선택함으로써 초래되는 결과다. 잡음과 신호의 혼동 문제는 잡음이 정의상 예측할 수 없다는 것이다. 과적합 모델은 보증되지 않은 신뢰도로 잘못된 예측을 산출할 것이며, 이는 결국 샘플 외 성과 저하를 야기할 것이다(또는 백테스트에서와 같이 준 샘플 외 데이터에서조차도).

머신러닝 연구자들은 이 문제를 세 가지 보완적인 방법으로 다루고 있다. 훈련셋 적합화를 교정하기 위한 첫 번째 접근법은 리샘플링resampling 기법 (교차 검증과 같은)과 몬테카를로Monte Carlo 방법을 통해 일반화 오류를 평가하는 것이다. 부록 A는 이러한 기법과 방법을 보다 상세히 설명한다. 훈련셋 과적합을 줄이기 위한 두 번째 접근 방식은 설명력의 크기 관점에서 정당화할 수 없다면 모델 복잡도를 방지하는 규제화 방법이다. 모델의 단순화는 파라미터의 수를 제한하거나(예: 라쏘) 모델의 구조를 제한해(예: 조기종료) 달성할 수 있다. 훈련셋의 과적합을 다루기 위한 세 번째 접근 방식은 추정기 집합의 예측을 결합해 오차의 분산을 감소시키는 앙상블 기법이다. 예를 들어, 적어도 다음의 세 가지 방법으로 훈련셋에 대한 랜덤 포레스트의 과적합을 제어할 수 있다. (1) 예측을 교차 검증한다. (2) 각 트리의 깊이를 제한한다. (3) 더 많은 트리를 추가한다.

요약하면 백테스트는 위의 방법들을 사용해 교정할 수 있는 훈련셋 과적합의 발생을 알려 줄 수 있다. 하지만 불행하게도 다음에 설명했듯이 백테스트는 두 번째 유형의 과적합에 대해 무력하다.

1.4.2 테스트셋 과적합

친구가 다음 복권 때 당첨 티켓을 예측하는 기술을 갖고 있다고 주장한다고 상상해 보자. 그의 기술이 정확하지 않으니 한 장 이상 사야 한다. 물론 그가 표를 다 산다면 그가 이기는 것은 놀랄 일이 아니다. 그의 방법이 쓸모없다고 결론짓기 전에 그에게 얼마나 많은 표를 사도록 허락할 것인가? 그의 기법의 정확성을 평가하려면 그가 여러 장의 표를 샀다는 사실에 감안해야 한다. 마찬가지로 동일한 데이터셋에 대해 여러 통계적 테스트를 수행하는 연구자들은 잘못된 발견을 할 가능성이 더 크다. 동일한 데이터셋에 동일한 테스트를 여러 번 적용함으로써 결국 연구자가 거짓 발견을 하도록 보장한다. 이러한 선택 편향은 훈련셋이 아닌 테스트셋에서 좋은 성과를 발휘하고자 모델을 적합화시키는 데서 기인한다.

테스트셋 적합화의 또 다른 예는 연구자가 전략을 백테스트하고 출력이 목표 성과를 달성할 때까지 이를 수정하는 경우에 발생한다. 그 백테스트-수정-백테스트 주기는 필연적으로 과적합 전략(거짓 양성)으로 끝날 헛된 연습이다. 대신 연구자는 반드시 연구 과정이 어떻게 연구자를 오도해 거짓 전략을 백테스트하도록 했는지를 조사하는 데 시간을 보냈어야 했다. 즉 저조한 성과의 백테스트는 특정 투자 전략을 고칠 기회가 아니라 연구 과정을 고칠 기회를 주는 것이다.

금융 분야에서 발표된 대부분의 발견은 테스트셋 과적합 때문에 거짓일 가능성이 높다. 머신러닝이 현재의 금융 연구 위기를 초래한 것이 아니다(Harvey et al. 2016). 그 위기는 금융, 특히 고전적인 통계적 방법의 광범위한 오용과 특히 p-해킹[6]에 의해 야기됐다. 머신러닝은 세 가지 방법으로 테스트셋 과적합 문제를 해결할 수 있다. 첫째, 연구자가 얼마나 많은 독립적 테스트를 실행했는지 추적해서, 결과 중 적어도 하나가 잘못된 발견일 확률(군별 오류율FWER, Familywise Error Rate로 알려져 있음)을 평가할 수 있다. 축소 샤프 비율(Bailey and López de Prado 2014)은 백테스트의 맥락에서 유사한 접근법을 따르는데, 8장에서 설명한다. 친구가 매입하는 복권 수를 통제하는 것과 동일하다. 둘째, 한 테스트셋에 모델을 과적합화하는 것은 쉽지만, 한 모델을 모든 증권에 대해 수천 개의 테스트셋에 과적합화하는 것은 어렵다. 그러한 수천 개의 테스트셋은 훈련과 테스트셋의 조합적 분할combinatorial split을 리샘플링resampling함으로써 생성될 수 있다. 이는 조합 제거 교차 검증CPCV, Combinatorial Purged Cross-Validation 방법(AFML, 12장)이 따르는 접근법이다. 셋째, 과거 시계열을 사용해 기저의 데이터 생성 프로세스를 추정할 수 있으며, 과거에 관측된 통계적 특성과 일치하는 합성 데이터셋을 샘플링할 수 있다. 몬테카를로 방법은 특히 역사적 시계열의 통계적 특성과 일치하는 합성 데이터셋을 산출하는 데 강력하다. 이러한 테스트의 결론은 추정된 데이터 생성 프로세스의 대표성을 조건으로 한다(AFML, 13장). 이 접근법의 주요 장점은 이러한 결론이 데이터 생성 프로세스의 특정(관측된) 실현이 아니라 전체 분포의 랜덤 실현과 연결된다는 것이다. 우리의 예로 설명하면 이것은 복권 게임을 복제하기를 여러 번 반복하는 것과 같기 때문에 우리는 운을 배제할 수 있다.

요약하면 훈련셋과 테스트셋 과적합 문제에 대한 여러 가지 실제적인 해결책이 있다. 이 해결책들은 절대적으로 완벽하지도 않고 양립할 수도 없으며, 저자의 조언은 그들을 모두 적용하라는 것이다. 동시에 어떤 백테스트도 다음 두 가지 이유 때문에 이론을 대체할 수 없다고 저자는 주장한다. (1) 백테스트는 블랙스완을 시뮬레이션할 수 없다. 오직 이론만이 전에 보지 못했던 일을 고려하는 데 필요한 폭과 깊이를 갖고 있다. (2) 백테스트

---

6   유의한 통계 수준(P(0.05)를 얻고자 데이터 획득 과정에서 임의로 멈추거나, 데이터 분석 방법을 임의로 다양하게 변화시키거나, 또는 데이터 구조를 변화시키는 것을 뜻한다. – 옮긴이

는 전략이 수익성이 있다는 것을 암시할 수 있지만, 그들은 그 이유를 말해 주지 않는다. 그들은 통제된 실험이 아니다. 이론만이 원인-결과(효과) 메커니즘을 진술할 수 있으며, 사실과 거짓 사실에 대해 독립적으로 테스트할 수 있는 광범위한 예측과 시사점을 공식화할 수 있다. 이러한 시사점들 중 일부는 심지어 투자 영역 밖에서 테스트할 수 있을 것이다. 예를 들어, VPIN 이론은 시장 조성자들이 지속적인 주문 흐름 불균형하에서 손절을 겪을 것이라고 예측했다. 연구자들은 주문 흐름의 불균형이 유동성 감소를 초래하는지 테스트하는 것 외에도 플래시 크래시 동안 시장 조성자들이 손실을 입었는지도(힌트: 그들은 손실을 입었다) 테스트할 수 있다. 이 후자의 테스트는 가격과 호가 거래 기록에 포함된 증거와 독립적으로 재무제표를 검토함으로써 수행할 수 있다.

1.5 개요

이 책은 자산 운용 매니저들에게 머신러닝의 도움으로 금융 이론을 구축하는 데 있어 단계별 가이드를 제공한다. 이 목적을 위해 각 장은 이전 장에서 배운 것을 이용한다. 각 장(1장, '들어가며'만 제외하고)은 설명된 방법을 몬테카를로$^{Monte\ Carlo}$ 실험으로 테스트하는 실증 분석을 포함한다.

이론을 구축하는 첫 번째 단계는 어떤 변수가 어떻게 서로 관련 있는가를 보여 주는 데이터를 수집하는 것이다. 금융 설정에서 이들 데이터는 종종 공분산 행렬 형태를 취한다. 공분산 행렬을 이용해 회귀 분석을 하고, 포트폴리오를 최적화하고, 위험을 관리하고, 연결성을 찾는 등을 수행한다. 그러나 금융 공분산 행렬은 잡음이 많은 것으로 악명이 높다. 이들이 포함한 상대적으로 작은 비율의 정보가 시그널이며, 이들은 차익 거래의 힘에 의해 체계적으로 억제된다. 2장은 공분산 행렬이 포함한 그 작은 시그널을 포기하지 않고, 공분산 행렬의 잡음을 어떻게 제거하는가를 설명한다. 대부분의 논의는 랜덤 행렬 이론$^{random\ matrix\ theory}$을 중심으로 하지만, 해법의 핵심에는 머신러닝 기법, 즉 커널 밀도 추정기$^{kernel\ density\ estimator}$가 있다.

많은 연구 과제는 거리의 유사도 개념과 관련된다. 예를 들어, 두 변수가 얼마나 밀접하게 연관이 있는지를 이해하는 데 관심이 있다고 하자. 잡음이 제거된 공분산 행렬은 선형 관계로부터 거리 행렬을 도출하는 데 매우 유용하다. 비선형 관계를 모델링하는 것은 더 고급 개념을 요구한다. 3장은 잡음이 섞인 데이터로부터 복잡한 시그널을 추출하기 위한 정보 이론적 틀을 제공한다. 특히 척도 공간을 특징짓는 기저 변수에 관한 최소한의 가정으로 거리 척도를 정의할 수 있도록 한다. 이들 거리 척도들은 상관관계 개념의 비선형적 일반화라고 생각할 수 있다.

거리 행렬의 하나의 응용은 어떤 변수들이 나머지 변수들보다 자기들 간에 더 밀접하게 관련돼 군집^{cluster}을 형성하는지 연구하는 것이다. 군집화는 금융의 여러 분야에 걸친 광범위한 응용을 가진다. 예를 들어, 자산 클래스 분류, 포트폴리오 구축, 차원 축소 또는 에이전트 네트워크 모델링 등을 들 수 있다. 군집화의 일반적 문제는 군집의 최적수를 발견하는 것이다. 4장은 최적 군집 수$^{ONC,\ Optimal\ Number\ of\ Clusters}$ 알고리즘을 소개하는데 이는 이 문제에 대한 일반적 해를 제공한다. 이 알고리즘의 다양한 이용 사례는 이 책 전체에 걸쳐 제시된다.

군집화^{clustering}는 비지도학습$^{unsupervised\ learning}$ 문제다. 지도학습$^{supervised\ learning}$ 문제를 깊게 들어가기 전에 금융 데이터의 레이블을 붙이는 방법을 평가해야 한다. 지도 머신러닝 알고리즘의 유효성은 풀고자 하는 문제의 종류에 달려 있다. 예를 들어, 다음 5% 움직임의 부호보다 내일의 S&P 500의 수익률을 예측하는 것은 더 힘들다. 서로 다른 특성들은 서로 다른 유형의 레이블에 적합하다. 연구자들은 데이터에 적용할 레이블링 방법을 주의깊게 고려해야 한다. 5장은 다양한 대안의 장점을 논의한다.

AFML은 독자들에게 백테스트가 리서치 도구가 아니라고 주의를 가한다. 반면 특성 중요도는 리서치 도구다. 백테스트는 경제 또는 금융 이론을 개발하는 것을 도울 수 없다. 그러기 위해서 어떤 변수가 현상에 관련되는지 더 깊게 이해해야 한다. 6장은 설명 변수의 중요도를 평가하는 도구들을 연구하고, 이들 도구들이 p-값과 같은 고전적 방법의 많은 결함을 어떻게 해결하는가를 설명한다. p-값의 다중 공선성^{multicolinearity}하에서 강건성 부족을 어떻게 극복하는가에 특별한 관심을 갖는다. 이 문제를 다루려면 잡음 제거(2장), 거리 척도(3장), 군집화(4장), 레이블링(5장)의 모든 이전 장에서 배운 것을 적용해야만 한다.

일단 금융 이론을 가지면 연구자의 발견을 투자 전략 개발에 사용할 수 있다. 전략을 설계하는 것은 불확실성하에서 어떤 투자 결정을 내리는 것을 요구한다. 이 목적을 위해서 평균-분산 포트폴리오 최적화 방법은 비록 불안정성으로 악명이 높지만, 보편적으로 알려져 있고 사용되고 있다. 역사적으로 이 불안정성은 강한 제약식을 도입하고, 사전 분포를 더하고, 공분산을 축소하고, 다른 강건한 최적화 기법을 사용하는 등 여러 방법으로 다뤄졌다. 많은 자산 운용 매니저들은 공분산의 잡음에 의해 초래되는 불안정성을 잘 알고 있다. 7장은 왜 시그널이 불안정성의 원천이 될 수 있는지와 어떻게 머신러닝 방법이 이의 해결을 도울 수 있는지를 설명한다.

이 책은 테스트셋 과적합의 결과로 연구자의 발견이 거짓일 확률을 평가하는 법을 자세히 취급하지 않으면 완결되지 않을 것이다. 8장은 백테스트 과적합의 위험을 설명하고, 다중 테스트하 선택 편향 문제에 대한 여러 실무적인 해법을 제공한다.

1.6 청중

만약 당신이 대부분의 자산 운용 매니저와 같이 일상적으로 공분산 행렬을 계산하고, 상관계수를 사용하고, 고차원 공간의 저차원 표현을 찾고, 예측 모델을 구축하고, p-값을 계산하고 평균-분산 최적화를 하거나 주어진 데이터셋에 대해 동일한 테스트를 여러 번 한다면 이 책을 읽어야 할 것이다.

이 책에서 금융 공분산 행렬이 잡음을 갖고, 이들은 회귀 분석을 하거나 최적 포트폴리오를 계산하기 이전에 정제돼야 한다는 것을 배울 것이다(2장). 상관관계가 상호 연관성에 대한 매우 좁은 정의이고, 다양한 정보이론 척도가 더 통찰력이 있다는 것을 배울 것이다(3장). 기저basis를 변경하지 않고 공간의 차원을 축소하는 직관적인 방법을 배울 것이다. 주성분 분석PCA, Principal Component Analysis과 달리 머신러닝 기반의 차원 축소법은 직관적 결과를 제공한다(4장). 불가능한 고정 기간 예측fixed-horizon prediction을 목적으로 하기보다는 높은 정확도로 풀 수 있는 금융 예측 문제를 제안하는 대안적 방법들을 배울 것이다(5장). 고전적 p-값에 대한 현대적 대안을 배우고(6장) 평균-분산 투자 포트폴리오에 만연한 불안정성 문제를 해결하는 법을 배울 것이다(7장). 그리고 연구자의 발견이 다중 테스트의 결과로 거짓일 확률을 평가하는 법을 배울 것이다(8장). 만약 자산 운용 산업 또는 금융 학문에서 일을 한다면 이 책은 바로 당신을 위한 것이다.

1.7 다섯 가지 만연한 금융 머신러닝에 대한 잘못된 개념

금융 머신러닝은 새로운 기술이다. 항상 새로운 기술에 일어나듯이 그 도입은 많은 잘못된 개념을 불러온다. 아래에서 가장 만연한 것들을 선택해 보여 준다.

1.7.1 머신러닝은 성배 대 머신러닝은 무용지물

머신러닝을 둘러싼 엄청난 양의 과장과 역과장이 논리를 무력하게 한다. 과장은 예측 가능한 미래에도 실현되기 힘든 기대를 만든다. 역과장은 청중들이 머신러닝에 특별한 것이 전혀 없고, 고전적 통계 방법이 이미 머신러닝 열정자들이 주장하는 결과를 산출하고 있다는 것을 확신시키고자 한다.

머신러닝 비평가는 종종 "선형 회귀의 결함 X는 별것 아니다"라고 주장한다. 여기서 X는 모델의 잘못된 설정, 다중 공선성multicollinearity, 결측 독립 변수, 비선형 상호작용 효과 등일 수 있다. 실제로 이들 고전적 가정들 중 어느 하나라도 위배되면, 무정보 변수를 받아들이고(거짓 양성), 또는 정보 성 변수를 기각하게 한다(거짓 음성). 예제를 위해 6장을 참고하자.

또 하나의 일반적 오류는 중심 극한 정리^{CLT, Central Limit Theorem}가 선형 회귀 모델의 사용을 모든 곳에서 정당화한다고 믿는 것이다. 이 주장은 충분한 관측으로 정규 분포를 갖게 되고, 선형 모델이 점근적 상관관계 구조에 좋 은 적합화를 제공한다고 하는 것이다. 이 "CLT가 끝판왕이다"라는 것은 학 부생 환상이다. 맞긴 하지만, 표본 평균이 정규 분포로 수렴하는 것이지 표 본 그 자체는 아니다. 그리고 그 수렴은 단지 관측이 독립적이고 동일한 분 포를 가질 때만 일어난다. 수천 또는 수십억의 관측을 투입해도 잘못 설정 된 회귀식의 성과가 형편없다는 것을 증명하는 것은 단지 몇 줄의 코드로 충분하다.

양 극단(과장과 역과장)은 투자가들이 오늘날 머신러닝이 공급하는 실제의 차별화된 가치를 인지하지 못하게 한다. 머신러닝은 현대적 통계학이며, 자산 운용 매니저들을 수십 년 괴롭혔던 고전적 기법들의 많은 결함을 극 복하도록 돕는다. 금융에서의 머신러닝의 많은 응용 사례를 위해서는 로페 즈 데 프라도(López de Prado, 2019c)를 참고하자.

1.7.2 머신러닝은 블랙박스

이것은 아마도 머신러닝을 둘러싼 가장 널리 퍼져 있는 미신이다. 세상의 모든 연구실은 머신러닝을 어느 정도 사용한다. 따라서 분명히 머신러닝은 과학적 방법과 양립한다. 머신러닝이 블랙박스가 아닐 뿐더러 6장에서 설 명하듯이 머신러닝 기반 연구 도구는 (계량경제를 포함한) 전통적 통계 방법 보다 더 통찰력이 있다. 머신러닝 모델은 특히 PDP, ICE, ALE, 프리드만 의 H-통계, MDI, MDA, 글로벌 대리 모델, LIME, 샤플리 값과 같은 수 많은 절차를 통해 해석할 수 있다. 머신러닝 해석 가능성의 자세한 논의는 몰나(Molnar, 2019)를 참고하라.

머신러닝을 블랙박스로 적용하는가 화이트박스로 적용하는가는 개인적 선택의 문제다. 많은 기술적 주제에 대해서도 동일한 것이 사실이다. 저자는 개인적으로 자동차가 어떻게 작동하는가에는 관심이 없을뿐더러 엔진을 보려고 보닛을 열어 본 적도 없다(저자의 전공은 수학이지 기계가 아니다). 따라서 저자의 차는 저자에게 블랙박스로 남아 있다. 저자의 호기심 부족으로 자동차를 설계한 기술자를 탓하지 않으며, 차고에서 작업하는 기계공이 자동차를 화이트박스로 간주한다는 것도 잘 안다. 마찬가지로 머신러닝이 블랙박스라는 주장은 어떻게 일부 사람들이 머신러닝을 적용하기로 했는지를 나타내는 것이며, 이러한 주장은 보편적 사실이 아니다.

1.7.3 금융은 머신러닝을 적용하기에는 불충분한 데이터를 갖고 있다

특히 가격 예측의 맥락에서 몇몇 머신러닝 알고리즘은 엄청나게 많은 데이터를 요구하는 것이 사실이다. 이것이 연구자가 특정 작업을 위해 올바른 알고리즘을 선택해야만 하는 이유다. 반면 이런 주장을 들이대는 머신러닝 비평가들은 금융에서의 많은 머신러닝 응용이 어떤 역사적 데이터도 전혀 요구하지 않는다는 사실을 잊는 듯하다. 이러한 예는 위험 분석, 포트폴리오 구축, 이상치 탐지, 특성 중요도, 베팅 크기 조정 등을 포함한다. 이 책의 각 장은 어떤 역사적 시계열에도 의존하지 않고 머신러닝의 수학적 특성들을 증명한다. 예를 들어, 7장은 몬테카를로 실험을 통해 머신러닝 기반의 포트폴리오 구축 알고리즘의 정확도를 평가한다. 수많은 몬테카를로 시뮬레이션으로부터 추출된 결론은 특정 접근법의 일반적 수학적 특성에 대해 가르쳐 준다. 몇몇 역사적 시뮬레이션으로부터 도출된 일화적 증거는 광범위한 시나리오를 평가하는 것과는 상대도 안 된다.

감성 분석, 딥헤징^{deep hedging}, 신용등급, 트레이딩 실행, 민간 상업용 데이터셋과 같은 다른 금융 머신러닝 응용은 데이터의 풍부함을 향유한다. 마지막으로 어떤 설정에서 연구자들은 자신의 데이터를 생성하고 정확한 인과-결과 메커니즘을 구축할 수 있는 랜덤화된 통제 실험을 수행할 수 있다.

예를 들어, 다양한 변화를 통제하고 뉴스 기사의 어구를 바꾼 후 머신러닝의 감성 추출과 인간의 결론을 비교할 수 있다. 유사하게 비교 가능한 조건하에서 다양한 주문 집행 알고리즘 구현에 대한 시장 반응을 실험할 수 있다.

1.7.4 금융에서 신호 대 잡음 비율이 너무 낮다

금융 데이터가 다른 머신러닝 응용에 의해 사용되는 것보다 낮은 신호 대 잡음 비율을 보이는 것은 의문의 여지가 없다(2장에서 보여 줄 포인트) 신호 대 잡음 비율이 금융에서 이렇게 낮기 때문에 데이터만으로 블랙박스 예측에 의존하기에는 충분하지 않다. 이것은 머신러닝이 금융에 사용될 수 없다는 것을 뜻하지는 않는다. 머신러닝을 다르게 사용해야 하며, 따라서 금융 머신러닝의 개념을 별개의 연구 대상으로 사용해야만 한다는 것을 뜻한다. 금융 머신러닝은 계량경제학이 단지 경제 데이터셋에 표준 통계 기법을 적용한 것이 아닌 것처럼 단지 금융 데이터셋에 표준 머신러닝을 적용한 것이 아니다. 더 나아가 금융 머신러닝은 금융 연구자들이 직면하는 특정 문제들을 해결하고자 특별히 고안된 머신러닝 기법을 포함한다.

금융 머신러닝의 목적은 연구자들이 새로운 경제 이론을 발견하는 것을 돕는 것이다. 머신러닝 알고리즘이 아니라 이렇게 발견된 이론이 예측을 만들어 낸다. 모든 연구 분야에서 과학자들이 머신러닝을 활용하는 방법과 다를 바 없다.

1.7.5 금융에서 과적합의 위험은 너무 크다

1.4절은 이러한 미신을 타파한다. 전문가의 손에서 머신러닝 알고리즘은 고전적 방법보다 덜 과적합된다. 그러나 비전문가의 손에서 머신러닝 알고리즘은 선보다는 악을 끼칠 수 있다는 것을 인정한다.

1.8 금융 리서치의 미래

인터내셔널 데이터 코포레이션[IDC, International Data Corporation]은 모든 사용 가능한 데이터의 80%가 비정형이라고 추정했다(IDC 2014). 연구자에게 사용 가능한 많은 새로운 데이터셋은 고차원이고 희소하거나 수치형이 아니다. 이러한 새로운 데이터셋의 복잡도의 결과로 회귀 모델과 다른 선형 대수적 또는 기하적 접근법을 사용해 학습할 수 있는 정도에는 제약이 있다. 전통적 데이터셋에 대해서도 전통적인 계량 기법은 잠재적으로 복잡한 변수들 간의 연관성(예: 비선형과 상호작용)을 포착하는 데 실패하며, 이들 기법들은 금융 데이터셋에 만연한 다중 공선성 문제에 극단적으로 민감하다(López de Prado, 2019b).

경제학과 금융은 머신러닝 방법의 채택으로부터 혜택을 볼 것이 많다. 2018년 11월 26일, 웹오브사이언스[7]는 '경제학'과 '통계와 확률'이 동시에 나오는 주제에 대한 1만 3,772개의 학술지 논문을 열거한다. 이들 중 단지 89개의 논문(0.65%)만이 분류기, 신경망, 머신러닝 중 어느 한 용어를 포함한다. 이를 좀 이해하기 쉽게 설명하면 '생물학'과 '통계와 확률'이 동시에 나오는 주제의 4만 283개의 논문 중 총 4,049개(10.05%)가 이들 용어를 포함하고 있으며, '분석 화학'과 '통계와 확률'의 경우에는 4,994개의 논문 중 총 766개(15.34%)가 이들 용어 중 어느 하나를 포함하고 있다.

계량경제학의 번영은 디지털 컴퓨팅의 여명을 앞선다. 대부분의 계량 모델은 손으로 추정하고자 고안된 것으로 그 시대의 산물이다. 로버트 팁시라니[Robert Tibshirani]는 "사람들은 특정 방법을 사용한다. 왜냐하면 그 방법은 이미 시작된 것이고, 사람들은 익숙하기 때문이다. 바꾸는 것은 힘들다"라고 말했다. 21세기의 학생들은 과거의 기술에 지나치게 집착해서는 안 된다. 더욱이 역사상 가장 성공한 퀀트 투자회사들은 계량경제학이 아닌 주로 머신러닝에 의존하고 있으며, 현재 대학원 연구에서의 계량경제학의 우위성

---

7 www.webofknowlege.com

은 학생들이 산업 분야의 일자리가 아닌 학문적 진로를 준비할 수 있도록 준비한다.

이것은 계량경제학이 실제 사용 가능성보다 더 오래 살아남았다는 것을 의미하지 않는다. 계량경제학과 머신러닝 사이에서 선택할 것을 요구받은 연구자들은 잘못된 선택이 제시된 것이다. 머신러닝과 계량학은 서로 다른 강점을 갖고 있기 때문에 서로를 보완한다. 예를 들어, 머신러닝은 이론의 재료를 연구자들에게 제시하는 데 특히 유용할 수 있으며(6장 참고), 계량경제학은 경험적 관측에 근거한 이론을 테스트하는 데 유용할 수 있다. 사실 때때로 준모수적 방법에서처럼 두 패러다임을 동시에 적용하기를 원할 수도 있다. 예를 들어, 회귀 분석은 관측 가능한 설명 변수와 머신러닝 알고리즘이 제공하는 통제 변수를 결합할 수 있다(Mullainathan and Spiess 2017). 그러한 접근법은 누락 독립 변수omitted regressors와 연관된 편향성을 해결할 것이다(Clarke 2005).

1.9 자주 물어 보는 질문들

지난 몇 년 동안 세미나 참석자들은 저자에게 온갖 흥미로운 질문을 했다. 1.9절에서 가장 일반적인 질문들 중 몇 가지에 짧게 대답을 하려고 노력했다. 또한 언젠가 누군가가 질문하기를 여전히 원할 거라고 생각하는 두어 가지 질문을 추가했다.

간단히 말해서 머신러닝은 무엇인가?

넓게 말하면 머신러닝은 특별한 지시 없이 고차원 공간에서 복잡한 패턴을 학습하는 알고리즘 집합을 말한다. 그 정의를 세 가지 요소로 나누자. 첫째, 머신러닝은 특별히 지시받지 않고 학습한다. 왜냐하면 연구자들은 데이터에 거의 구조를 적용하지 않기 때문이다. 대신 알고리즘은 데이터에서 그 구조를 도출한다. 둘째, 알고리즘에 의해 식별된 구조가 유한한 방정식 집합으로 표현되지 못할 수 있기 때문에 머신러닝은 복잡한 패턴을 학습한다고 할 수 있다. 셋째, 머신러닝은 고차원 공간에서 학습한다고 하는데 그 이유는 그 해가 종종 많은 수의 변수와 그들 사이의 상호작용을 수반하기 때문이다.

예를 들어, 예제를 보여 줌으로써 인간의 얼굴을 인식하는 머신러닝 알고리즘을 훈련시킬 수 있다. 얼굴이 무엇인지 정의하지 않는다. 그러므로 알고리즘은 지시 없이 배운다. 문제는 결코 방정식의 관점에서 제기되지 않으며, 사실 문제는 방정식으로 표현되지 못할 수 있다. 그리고 알고리즘은 개별 픽셀과 픽셀 간의 상호작용을 포함해 이 작업을 수행하고자 엄청나게 많은 변수를 사용한다.

최근 몇 년 동안 머신러닝은 과학 연구의 모든 분야에 걸쳐 점점 더 유용한 연구 도구가 됐다. 그 예로는 약물 개발, 게놈 연구, 신소재, 고에너지 물리학 등이 있다. 소비자 제품과 산업 서비스는 이러한 기술들을 빠르게 수용했고, 세계에서 가장 가치 있는 회사들 중 일부는 머신러닝 기반의 제품과 서비스를 생산한다.

머신러닝은 계량경제의 회귀와 어떻게 다른가?

연구자들은 일련의 변수에 미리 정의된 함수 형태를 적합화하고자 전통적인 회귀 분석을 사용한다. 회귀 분석은 우리가 그 함수 형태와 변수를 하나로 묶는 모든 상호작용 효과에 대해 높은 확신을 가질 때 매우 유용하다. 18세기로 거슬러 올라가면 수학자들은 데이터에 대한 특정 가정 제약하에 바람직한 성질을 가진 추정기를 사용해 이러한 함수 형태를 적합화하는 도구를 개발했다.

1950년대부터 연구원들은 컴퓨터의 도움으로 경험적 분석을 수행하는 다른 방법이 있다는 것을 깨달았다. 특히 함수 형태를 알 수 없는 경우 함수 형태를 부과하기보다는 알고리즘이 데이터로부터 변수 의존성을 알아낼 수 있도록 할 것이다. 그리고 알고리즘은 데이터에 대해 강한 가정을 하기보다는 샘플 외 예측out-of-sample predictions의 수학적인 특성을 평가하는 실험을 수행한다. 이러한 함수 형태와 데이터 가정 측면에서의 완화는 강력한 컴퓨터의 사용과 결합돼 고도의 비선형, 계층적, 비연속적 상호작용 효과를 포함하는 복잡한 데이터셋을 분석하는 문을 열었다.

다음 예를 생각해 보자. 한 연구자가 성별, 티켓 등급, 나이와 같은 여러 변수를 바탕으로 타이타닉 여객선 승객의 생존 확률을 추정하고자 한다. 일반적인 회귀 분석 접근 방식은 이항 변수에 로짓logit 모형을 적합시키는 것이다. 여기서 1은 생존자를 의미하고 0은 사망자를 의미하며 성별, 티켓 등급 및 나이를 회귀식의 설명 변수로 사용한다. 이러한 회귀 분석기가 맞더라도 로짓(또는 프로빗probit) 모델은 좋은 예측을 하지 못하는 것으로 나타났다. 그 이유는 로짓 모델이 이 데이터 집합에 복잡한 상호작용이 있는 계층적(트리 같은) 구조가 포함돼 있다는 것을 인식하지 못하기 때문이다. 예를 들어, 2등석의 성인 남성들은 각각의 이러한 속성들이 독립적으로 취해지는 것보다 훨씬 더 높은 비율로 사망했다. 이와는 대조적으로 '분류 트리' 알고리즘은 계층 구조(및 관련된 복잡한 상호작용)를 찾을 수 있도록 하기 때문에 심지어 단순한 '분류 트리' 알고리즘도 그 성과가 더 좋다.

알려진 대로 계층 구조는 경제와 금융에서 보편적이다(Simon 1962). 섹터 분류, 신용 등급, 자산 클래스, 경제 연결 관계, 무역 네트워크, 지역 경제 군집 등을 생각해 보자. 이러한 종류의 문제에 직면했을 때 머신러닝 도구는 계량경제학이나 유사한 전통적인 통계 방법의 한계를 보완하고 극복할 수 있다.

머신러닝은 빅데이터와 어떻게 다른가?

빅데이터라는 용어는 기존의 통계 기법이 포함된 정보를 추출하고 모델링하는 데 실패할 정도로 크고 복잡한 데이터셋을 말한다. 모든 기록되는 데이터의 90%가 지난 2년간 생성됐고, 80%가 비정형(즉 전통적인 통계 기법을 직접적으로 적용할 수 없는)인 것으로 추정된다.

최근 몇 년 동안 경제 데이터의 양과 세분성이 극적으로 개선됐다. 좋은 소식은 행정, 민간 부문, 마이크로 레벨의 데이터셋이 갑자기 폭발적으로 증가하면서 경제의 내부 작동에 대한 전례 없는 통찰력을 제공한다는 것이다. 나쁜 소식은 이러한 데이터셋이 경제학의 연구에 여러 가지 난제를 초래한다는 것이다. (1) 가장 흥미로운 데이터셋 중 일부는 정형화되지 않은 것이다. 이들은 또한 뉴스 기사, 음성 녹음 또는 위성 영상과 같이 비수치형이고 비범주형일 수 있다. (2) 이들 데이터셋은 고차원이다(예: 신용카드 거래). 관련된 변수의 수가 관측치 수를 크게 초과해 선형 대수 솔루션을 적용하기가 매우 어렵다. (3) 이들 데이터셋의 대부분은 극히 희소하다. 예를 들어, 샘플은 큰 비율의 0를 포함할 수 있는데 이런 경우 상관관계와 같은 표준 개념은 잘 작동하지 않는다. (4) 이들 데이터셋에 에이전트 인간 집단의 에이전트 네트워크와 인센티브 및 총체적 행동의 중요한 정보가 내재돼 있다. 머신러닝 기법은 빅데이터 분석을 위해 설계돼 있어 함께 언급되는 경우가 많다.

자산 운용업은 머신러닝을 어떻게 이용하고 있는가?

자산 운용에서 머신러닝을 가장 많이 적용하는 것은 아마도 가격 예측일 것이다. 그러나 헷징^{hedging}, 포트폴리오 구성, 특이치와 구조 변화의 탐지, 신용 평가, 감성 분석, 시장 조성, 베팅 크기 조정, 증권 분류, 그 밖에 똑같이 중요한 응용이 많이 있다. 이것들은 종종 가격 예측에 대한 기대와 관련된 과대 광고를 초월하는 실생활 응용이다.

예를 들어, 팩터 투자$^{factor\ investing}$ 회사들은 가치를 재정의하고자 머신러닝을 사용한다. 몇 년 전만 해도 주가 대 수익 비율$^{price-to-earnings\ ratio}$이 가치에 대한 좋은 순위를 제공했을지 모르지만, 요즘은 그렇지 않다. 오늘날 가치라는 개념은 훨씬 더 미묘한 차이를 보인다. 현대의 자산 운용 매니저들은 가치의 특성과 그러한 특성이 어떻게 모멘텀, 수익의 질, 기업 규모 등과 상호작용하는지 식별하고자 머신러닝을 사용한다. 메타 레이블링(5.5절)은 자산 운용 매니저가 팩터 베팅의 크기와 타이밍을 결정하는 데 도움이 될 수 있는 또 다른 뜨거운 주제다.

고빈도 트레이딩 회사들은 수년 동안 머신러닝을 활용해 실시간 거래소 피드를 분석, 정보 기반 트레이더informed traders들이 남긴 거래 자취를 찾아냈다. 그들은 이 정보를 이용해 단기적인 가격 예측을 하거나 주문 실행의 공격성 또는 수동성에 대한 결정을 내릴 수 있다. 신용 평가회사들도 머신러닝을 강하게 채택하고 있는데, 이러한 알고리즘들이 신용 분석가들이 창출한 신용 등급을 복제할 수 있는 능력을 입증했기 때문이다. 금융 모델은 소수의 특이치의 존재에도 매우 민감할 수 있기 때문에 특이치 탐지는 또 다른 중요한 응용 분야다. 머신러닝 모델은 포지션의 적절한 크기를 찾고, 전통적 또는 기본적 모델은 매수 또는 매도 결정을 담당하도록 함으로써 투자 성과를 개선하는 데 도움을 줄 수 있다.

퀀트 투자가는 구체적으로 어떻게 머신러닝을 이용하는가?

위의 모든 응용들 그리고 더 많은 것들이 퀀트 투자자들과 관련이 있다. 퀀트가 되기에 좋은 시대다. 데이터는 그 어느 때보다 풍부하고, 컴퓨터는 마침내 머신러닝을 효과적으로 활용하는 데 필요한 힘을 전달하고 있다. 매사추세츠 공과 대학MIT의 빌리온 프라이스 프로젝트Billion Prices Project[8]의 예에서처럼 거시경제 통계에 대한 실시간 예측이 특히 기대된다(Cavallo and Rigobon 2016). 머신러닝은 기존의 데이터셋에서도 지금까지 숨겨져 있던 관계를 밝혀내는 데 특히 도움이 될 수 있다. 예를 들어, 기업 간의 경제적 관계는 GICS[9]와 같은 전통적인 섹터-그룹-산업 분류에 의해 효과적으로

---

8 온라인 가격 정보를 이용해 물가 지수를 개발한 대표적인 사례다. - 옮긴이

9 www.msci.com/gics

설명되지 않을 수 있다. 다양한 요인에 따라 기업이 연관되는 네트워크 접근 방식은 주식이나 회사채 시장의 특정 부문의 역동성, 강점, 취약성을 보다 풍부하고 정확하게 표현할 수 있을 것이다(Cohen and Frazzzini 2008).

투자가의 포트폴리오에 머신러닝이 적용될 수 있는 방법은 무엇인가?

포트폴리오 구축은 머신러닝에 있어 매우 유망한 영역이다(7장). 수십 년 동안 자산 운용업계는 투자 포트폴리오를 구축하고자 마코위츠의 효율적인 경계의 변형과 고도화에 의존해 왔다. 이 해법들 중 다수가 샘플 내에서는 최적이지만, 볼록 최적화와 관련된 계산 불안정성 때문에 샘플 외 성과는 저조할 수 있다고 알려져 있다. 수많은 고전적 접근법은 이러한 계산적 불안정성을 다루기 위한 시도를 했으나, 부분적인 성공만을 거뒀다. 머신러닝 알고리즘은 전통적인 방법들이 놓치는 희소 계층적 관계를 인식하는 능력 덕분에 샘플 외에서도 성과를 잘 내는 강건한 포트폴리오를 산출할 수 있는 가능성을 보여 줬다(López de Prado 2016).

어떤 위험이 있는가? 투자가가 알아야 하거나 찾아봐야 하는 것은 무엇인가?

금융은 머신러닝과 관련되기 때문에 꽂으면 곧 시작하는plug-and-play 대상으로 생각하면 안 된다. 금융 시계열을 모델링하는 것은 자동차를 운전하거나 얼굴을 인식하는 것보다 어렵다. 그 이유는 차익 거래의 힘과 비정상성 시스템의 결과로 금융 데이터의 신호 대 잡음 비율이 극도로 낮기 때문이다. 머신러닝의 연산력과 함수적 유연성은 패턴이 지속적인 현상의 결과라기보다는 요행이라 하더라도 항상 데이터에서 패턴을 찾을 수 있도록 보장한다. 알고리즘이 모든 경제 이론을 무시하고 예측을 형성하는 식의 금융 머신러닝에 대한 '오라클' 접근법은 잘못된 발견을 낳기 쉽다. 과학자가 "이론을 잊어 버려라. 나는 무엇이든 대답할 수 있는 이 오라클을 갖고 있으니, 우리 모두 생각은 그만하고, 나오는 것을 무조건 믿자"라고 말하는 것을 들어 본 적이 없다.

투자자들은 머신러닝이 경제 이론의 대체물이 아니라 현대 경제 이론을 구축하기 위한 강력한 도구라는 점을 인식하는 것이 중요하다. 더 나은 금융 이론을 개발하는 데 머신러닝이 필요하고, 머신러닝의 과적합 성향을 제한하기 위한 금융 이론이 필요하다. 이러한 이론-머신러닝 상호작용이 없다면, 투자자들은 첨단 기술 점성술을 믿고 있는 것이다.

향후 10년간 머신러닝이 자산 운용업에 어떤 영향을 미칠 것으로 예상하는가?

오늘날 농부들이 사용하는 머신러닝의 양은 놀라울 정도로 많다. 자율 주행 트랙터, 불규칙한 땅덩어리를 찾는 드론, 소에게 먹이를 주고 필요에 따라 영양분을 공급하는 센서, 유전자 조작 농작물, 인공위성 사진, 수확량을 억제하는 것 등이다. 유사하게 우리가 몇 년 후에 되돌아볼 것이라고 생각하는데, 머신러닝은 자산 관리의 중요한 측면이 될 것이다. 그리고 농업에서와 마찬가지로 이러한 변혁이 하루아침에 일어나지는 않을지언정 앞으로 나아가는 방향은 오직 한 가지뿐임이 분명하다.

경제 데이터셋은 더 커질 것이고, 컴퓨터는 더 강력해질 것이다. 대부분의 자산 운용사들은 진화를 하지 않거나 '오라클' 접근 방식에 수반되는 위험을 완전히 인식하지 못한 채 미지의 세계로 돌진함으로써 실패할 것이다. 사려 깊고 책임감 있는 방식으로 진화해 성공한 자산 운용사는 소수에 불과할 것이다.

향후 10년간 머신러닝이 금융학계에 어떤 영향을 미칠 것으로 예상하는가?

만약 물리학자들이 자연의 근본 법칙이 계속 변하고, 연구 발표 자체가 연구 중인 바로 그 현상에 영향을 미치고, 실험이 사실상 불가능하고, 데이터의 비용이 크고, 신호가 매우 약하고, 연구 중인 시스템이 믿을 수 없을 정도로 복잡한 우주에서 이론을 만들어 내야 한다고 상상해 보라. 저자는 이러한 최고의 역경 속에서도 금융학자들이 얼마나 많은 성과를 거뒀는지에 깊은 감탄을 느낀다.

머신러닝은 학계에 제공할 것이 많다. 첫째, 머신러닝은 차익 거래 힘에 의해 야기된 잡음의 바다에서 희미한 신호를 찾는 데 필요한 힘과 유연성을 제공한다. 둘째로, 머신러닝은 학자들이 연구 과정을 (1) 함수 형태와 무관하게 중요한 변수들을 찾는 것과 (2) 그러한 변수들을 묶는 함수 형태를 찾는 것의 두 단계로 분리할 수 있도록 한다. 로페즈 데 프라도(2019b)는 작은 설정specifications 오류라도 연구자들이 중요한 변수를 기각하도록 어떻게 오도하는지를 보여 준다. 설정 탐색을 변수 탐색에서 분리하는 것은 매우 중요하다. 셋째, 머신러닝은 합성 데이터에 대한 시뮬레이션을 수행할 수 있는 가능성을 제공한다. 이것은 실험실이 없어도 금융이 실험을 할 수 있도록 한다. 우리는 금융 시스템에 대한 학술적 연구를 하는 데 있어 흥미진진한 시대를 살고 있으며, 저자는 더 많은 금융 연구자가 머신러닝을 채택함에 따라 엄청나게 발전하리라 기대한다.

금융 머신러닝은 가격 예측이 전부 아닌가?

저자가 언론 보도를 읽으면서 발견하는 가장 큰 오해 중 하나는 머신러닝의 주요 목적이 가격 예측이라는 개념이다. 자산 가격 결정이란 의심할 여지 없이 매우 가치 있는 노력이지만, 중요성은 종종 과장된다. 가격 예측에서 우위를 점하는 것은 오늘날 경쟁이 치열한 시장에서 성공을 위한 필요조건일 뿐이다. 똑같이 중요한 다른 분야로는 데이터 처리, 포트폴리오 구축, 리스크 관리, 구조 변화에 대한 모니터링, 베팅 크기 조정, 거짓 투자 전략 탐지 등이 있다.

월드 시리즈 포커 선수들을 고려해 보자. 카드들이 섞여서 무작위로 나뉜다. 분명히 선수들은 어떤 카드가 건네질지를 유의한 정확도로 예측할 수 없다. 그럼에도 매년 같은 소수의 선수들이 최고의 자리에 오른다. 한 가지 이유는 카드 예측보다 베팅 크기가 더 중요하기 때문이다. 한 선수가 좋은 패를 받을 때 그 선수는 다른 선수도 좋은 패를 잡을 가능성을 평가해 전략적으로 베팅한다. 마찬가지로 투자자들은 가격을 예측하지 못할 수도 있지만, 그들은 정상적이지 않은 가격이 언제 나타났는지 인식하고, 그에 따라 베팅할 수 있다. 베팅 크기 조정이 성공적인 투자의 열쇠라고 말하는 것이 아니다. 단지 베팅 크기 조정이 적어도 가격 예측만큼 중요하고, 포트폴리오 구축이 더 중요하다고 주장할 수 있다고 말하는 것이다.

광범위한 머신러닝 알고리즘을 토론해 보는 것은 어떨까?

이 책의 목적은 독자에게 오늘날 금융에서 사용되는 방대한 머신러닝 알고리즘을 소개하려는 것이 아니다. 거기에는 두 가지 이유가 있다. 첫째, 이러한 알고리즘의 체계적 설명에 전념하는 장문의 교과서들이 있으므로 추가적인 교과서는 거의 필요하지 않다. 우수 참고자료로는 제임스 등(James et al. 2013), 헤스티 등(Hastie et al. 2016), 에프론과 헤스티 등(Efron and Hastie et al. 2016)이 있다. 둘째, 금융 데이터셋은 그 자체로 처리해야 할 일이 많으며 프로젝트의 성패는 그것들을 이해하는 데 달려 있다. 일단 특성 공학을 수행하고, 문제를 정확하게 제시하면, 알고리즘의 선택은 상대적으로 부차적인 역할을 한다.

두 번째 요점을 예로 들어 설명하겠다. 3의 변화를 예측했지만 1의 변화가 실현된 알고리즘과 1의 변화를 예측했지만 −1의 변화가 실현된 다른 알고리즘을 비교하자. 두 경우 모두 예측 오차는 2다. 많은 산업 응용에서 두 오차 사이에 무차별할 것이다. 금융에서는 그렇지 않다. 첫 번째 경우에는 투자자가 예상 이익의 3분의 1을 얻는 반면, 두 번째 경우에는 예상 이익과 동일한 손실을 입는다. 크기를 예측하지 못한 것은 기회 손실이지만 부호를 예측하지 못한 것은 실제 손실이다. 투자자들은 기회 손실보다 실제 손실에 훨씬 더 많은 페널티를 준다. 결과의 부호를 예측하는 것이 그 크기를 예측하는 것보다 더 중요한 경우가 많고, 금융에서 회귀 방법보다 분류기를 선호하는 이유가 되기도 한다. 또한 결과의 부호와 크기가 서로 다른 특성에 의존하는 것을 금융에서 흔히 발견하기 때문에 하나의 특성 집합으로 결과의 부호와 크기를 같이 예측하면 평균 이하의 결과를 초래할 수 있다.[10] 로페즈 데 프라도(2018b)에서 설명한 대로 다른 분야에서 금융으로 전환한 머신러닝 전문가들은 문제를 잘못 제기하는 등 근본적인 실수를 저지르는 경우가 많다. 금융 머신러닝은 그 자체로 주제가 되고, 일반 머신러닝 알고리즘에 대한 논의는 문제의 핵심이 아니다.

다른 많은 책처럼 구체적인 투자 전략을 논의하는 것은 어떨까?

시장에는 다른 사람의 투자 전략을 실행하기 위한 레시피를 제공하는 책이 많다. 그 요리책들은 우리에게 다른 사람의 케이크를 어떻게 준비하는지 보여 주지만, 이 책은 다르다. 이 책에서는 머신러닝을 사용해 독자와 관련된 분야에서 독자만의 독점적인 투자 전략의 기반이 되는 새로운 경제 및 금융 이론을 발견하는 법을 보이고자 한다. 당신의 투자 전략은 우선 독자적으로 발견해야 하는 이론의 특정한 구현일 뿐이다. 다른 사람의 케이크를 굽고, 그 케이크가 자신의 입맛에 잘 맞으리라 기대할 수 없다.

1.10 결론

이 책의 목적은 경제와 금융 이론을 개발하는 데 유용한 머신러닝 도구를 소개하는 것이다. 성공적인 투자 전략은 일반적 이론의 특수한 구현이다. 이론적 정당성이 부족한 투자 전략은 거짓일 가능성이 높다. 따라서 연구자는 잠재적 전략을 백테스트하는 것보다는 이론을 개발하는 데 집중해야만 한다.

---

10 메타 레이블링 알고리즘의 논의를 위해서 로페즈 데 프라도(2018a)를 참고하자. 여기서 부호와 크기 결정은 독립적인 알고리즘에 의해 수행된다.

머신러닝은 블랙박스도 아니고, 반드시 과적합을 하는 것도 아니다. 머신러닝 도구는 고전적 방법을 대체하기보다는 보완한다. 머신러닝의 강점은 (1) 분산 판정에 앞서는 샘플 외 예측력에의 초점 (2) (잠재적으로 비현실적인) 가정에 의존하는 것을 피하는 계산 방법의 사용 (3) 비선형, 계층적, 고차원 공간에서의 비연속적 상호작용 효과를 포함하는 복잡한 설정을 학습하는 능력 (4) 다중 공선성과 다른 대체 효과에 강건하도록 변수 탐색을 설정 탐색으로부터 분리하는 능력이다.

1.11 연습문제

1. 계량 방법이 사용돼 이전에 결코 일어나지 않았던 사건을 예측할 수 있는가? 계량 방법이 블랙스완을 어떻게 예측할 수 있었는가?
2. 왜 이론은 금융과 경제에서 특히 중요한가? 금융에서 머신러닝의 최고의 사용은 무엇인가?
3. 금융 머신러닝에 대한 만연한 잘못된 개념은 무엇인가? 금융 데이터셋은 머신러닝 응용에 대해서 충분히 큰가?
4. 머신러닝은 과적합을 어떻게 통제하는가? 금융에서 머신러닝을 사용하기에는 신호 대 잡음 비율이 너무 낮지 않은가?
5. 고전적 방법과 머신러닝 방법을 결합하는 금융에서의 계량적 접근법을 설명하라. 머신러닝은 대형 회귀와 어떻게 다른가? 금융 머신러닝의 다섯 가지 응용을 설명하라.

02
잡음 제거와 주음 제거

2.1 동기 부여

공분산 행렬은 금융에서 어디에나 존재한다. 우리는 그것을 회귀, 위험 추정, 포트폴리오 최적화, 몬테카를로를 통한 시나리오 시뮬레이션, 군집 cluster 찾기, 벡터 공간의 차원 축소 등에 사용한다. 경험적 공분산 행렬은 랜덤 벡터를 구성하는 랜덤 변수 사이의 선형 결합을 추정하고자 랜덤 벡터의 일련의 관측값에 대해 계산된다. 이러한 관측값의 유한성과 비결정론적 특성을 고려할 때 공분산 행렬의 추정값에는 일정량의 잡음이 포함된다. 요인들 역시 결함 있는 데이터로부터 추정되기 때문에 추정된 요인으로부터 도출된 경험적 공분산 행렬도 수치적으로 불량 조건[1]하에 있게 된다. 이 잡음을 처리하지 않는 한 공분산 행렬로 수행하는 계산에 영향을 미칠 수 있으며, 때로는 분석을 무용지물로 만들 수도 있다.

2장의 목표는 잡음을 줄이고, 경험적 공분산 행렬에 포함된 신호를 개선하는 절차를 설명하는 것이다. 이 책 전체에 걸쳐 경험적 공분산 및 상관 행렬이 이 절차를 거쳤다고 가정한다.

---

1 조건 수가 큰 경우로 조건 수는 입력 인수의 작은 변화(반올림 오차)가 함수의 출력값을 얼마나 변화시킬 수 있는가를 측정하는 척도다. 이 책의 맥락에서 쉽게 말하면 공분산의 역행렬을 구하기 힘든 경우를 말한다. ― 옮긴이

2.2 마르첸코-파스퇴르 정리

관측값을 생성하는 기본 프로세스의 평균 0과 분산 σ^2인 독립적이고 동일하게 분포된 랜덤 관측값 X의 행렬을 고려한다. 행렬 $C = T^{-1}X'X$는 ($N \to +\infty$과 $T \to +\infty$이고, $1 < T/N < +\infty$일 때) 마르첸코-파스퇴르Marcenko-Pastur 확률 밀도 함수PDF, Probability Density Function로 점근적으로 수렴하는 고유값 λ을 가진다.

$$
f[\lambda] = \begin{cases} \dfrac{T}{N} \dfrac{\sqrt{(\lambda_+ - \lambda)(\lambda - \lambda_-)}}{2\pi\lambda\sigma^2} & \text{만약 } \lambda \in [\lambda_-,\ \lambda_+] \\ 0 & \text{만약 } \lambda \notin [\lambda_-,\ \lambda_+] \end{cases}
$$

여기서 최대 기대 고유값은 $\lambda_+ = \sigma^2 \left(1 + \sqrt{N/T}\right)^2$이고, 최소 기대 고유값은 $\lambda_- = \sigma^2 \left(1 - \sqrt{N/T}\right)^2$이다. $\sigma^2 = 1$일 때 C는 X와 연관된 상관 행렬이다. 코드 2.1은 파이썬으로 마르첸코-파스퇴르 PDF를 구현한다.

고유값 $\lambda \in [\lambda_-,\ \lambda_+]$은 랜덤 행태와 일치하며, 고유값 $\lambda \notin [\lambda_-,\ \lambda_+]$은 비랜덤 행태와 일치한다. 구체적으로는 고유값 $\lambda \in [0,\ \lambda_+]$을 잡음과 연관시킨다. 그림 2.1과 코드 2.2는 마르첸코-파스퇴르 분포가 랜덤 행렬 X의 고유값을 얼마나 근접하게 설명하는지 보여 준다.

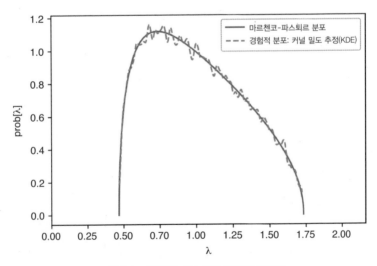

그림 2.1 마르첸코-파스퇴르 정리의 시각화

코드 2.1 마르첸코-파스퇴르 PDF

```python
import numpy as np,pandas as pd
#------------------------------------------------------
def mpPDF(var,q,pts):
  # Marcenko-Pastur pdf
  # q=T/N
  eMin,eMax=var*(1-(1./q)**.5)**2,var*(1+(1./q)**.5)**2
  eVal=np.linspace(eMin,eMax,pts)
  pdf=q/(2*np.pi*var*eVal)*((eMax-eVal)*(eVal-eMin))**.5
  pdf=pd.Series(pdf,index=eVal)
  return pdf
```

코드 2.2 마르첸코-파스퇴르 정리 테스트

```python
from sklearn.neighbors.kde import KernelDensity
#------------------------------------------------------
def getPCA(matrix):
  # 에르미트 행렬(Hermitian matrix)로부터 eVal, eVec을 얻는다.
  eVal,eVec=np.linalg.eigh(matrix)
  indices=eVal.argsort()[::-1] # eVal을 내림차순으로 정렬하고, 그 인덱스를 추출한다.
  eVal,eVec=eVal[indices],eVec[:,indices]
  eVal=np.diagflat(eVal)
  return eVal,eVec
#------------------------------------------------------
def fitKDE(obs,bWidth=.25,kernel='gaussian',x=None):
  # 커널을 관측 시리즈에 적합화하고, 관측 확률을 도출한다.
  # x는 KDE가 평가된 값의 배열이다.
  if len(obs.shape)==1:obs=obs.reshape(-1,1)
  kde=KernelDensity(kernel=kernel,bandwidth=bWidth).fit(obs)
  if x is None:x=np.unique(obs).reshape(-1,1)
  if len(x.shape)==1:x=x.reshape(-1,1)
  logProb=kde.score_samples(x) # log(density)
  pdf=pd.Series(np.exp(logProb),index=x.flatten())
  return pdf
#------------------------------------------------------
x=np.random.normal(size=(10000,1000))
eVal0,eVec0=getPCA(np.corrcoef(x,rowvar=0))
pdf0=mpPDF(1.,q=x.shape[0]/float(x.shape[1]),pts=1000)
pdf1=fitKDE(np.diag(eVal0),bWidth=.01) # empirical pdf
```

2.3 신호가 있는 랜덤 행렬

경험적 상관 행렬에서 모든 고유 벡터가 랜덤하지 않을 수 있다. 코드 2.3
은 완벽하게 랜덤하지 않은 공분산 행렬을 구축하므로 고유값은 대략 마르
첸코-파스퇴르 PDF를 따를 것이다. getRndCov에 의해 생성된 공분산 행
렬을 형성하는 nCols 랜덤 변수 중에서 단지 nFact만 일부 신호를 포함한
다. 신호를 더 희석시키고자 그 공분산 행렬에 가중치 알파를 적용해 순수
랜덤 행렬에 더한다. 랜덤 공분산 행렬을 구축하는 대안적 방법은 르완도
스키 등(Lewandowski et al. 2009)을 참고하자.

코드 2.3 랜덤 공분산 행렬에 신호 더하기

```python
def getRndCov(nCols,nFacts):
  w=np.random.normal(size=(nCols,nFacts))
  cov=np.dot(w,w.T) # 랜덤 공분산 행렬, 그러나 완전 랭크(full rank)가 아님
  cov+=np.diag(np.random.uniform(size=nCols)) # 완전 랭크 공분산
  return cov
#----------------------------------------------------
def cov2corr(cov):
  # 공분산 행렬로부터 상관계수 행렬 도출
  std=np.sqrt(np.diag(cov))
  corr=cov/np.outer(std,std)
  corr[corr<-1],corr[corr>1]=-1,1 # 수치 오차
  return corr
#----------------------------------------------------
alpha,nCols,nFact,q=.995,1000,100,10
cov=np.cov(np.random.normal(size=(nCols*q,nCols)),rowvar=0)
cov=alpha*cov+(1-alpha)*getRndCov(nCols,nFact) # 잡음+신호
corr0=cov2corr(cov)
eVal0,eVec0=getPCA(corr0)
```

2.4 마르첸코–파스퇴르 PDF 적합화

2.4절에서는 랄루 등(Laloux et al. 2000)이 소개한 접근 방식을 따른다. 분산의 일부만이 랜덤 고유 벡터에 의해 야기되므로 이에 따라 위의 방정식에서 σ^2를 조정할 수 있다. 예를 들어, 가장 높은 고유값과 관련된 고유 벡터가 랜덤이 아니라고 가정한다면 위의 방정식에서 σ^2를 $\sigma^2(1 - \lambda_+/N)$으로 대체해야 한다. 실제로 $f[\lambda]$라는 함수를 고유값의 경험적 분포에 적합화시켜 내재 σ^2를 도출할 수 있다. 이렇게 하면 상관계수 행렬의 랜덤 고유 벡터로 설명되는 분산을 얻을 것이고, 이 도출된 분산으로 비랜덤 고유 벡터의 존재를 고려한 임계 수준 λ_+를 결정할 수 있다.

코드 2.4는 마르첸코-파스퇴르 PDF를 신호가 포함된 랜덤 공분산 행렬에 적합화시킨다. 적합화의 목적은 분석에서 도출된 PDF와 관측 고유값의 커널 밀도 추정치$^{KDE, Kernel Density Estimate}$ 사이의 제곱 차이의 합을 최소화하는 σ^2의 값을 찾는 것이다(Rosenblatt 1956, Parzen 1962). λ_+ 값은 eMax0으로 보고되고, σ^2 값은 var0으로 저장되며, 요인 수는 nFacts0으로 복원된다.

코드 2.4 마르첸코-파스퇴르 PDF 적합화

```
from scipy.optimize import minimize
#----------------------------------------------------
def errPDFs(var,eVal,q,bWidth,pts=1000):
    # Fit error
    pdf0=mpPDF(var,q,pts) # theoretical pdf
    pdf1=fitKDE(eVal,bWidth,x=pdf0.index.values) # 경험적 pdf
    sse=np.sum((pdf1-pdf0)**2)
    return sse
#----------------------------------------------------
def findMaxEval(eVal,q,bWidth):
    # 마르첸코 분포를 적합화함으로써 최대 랜덤 eVal을 발견
    out=minimize(lambda *x:errPDFs(*x),.5,args=(eVal,q,bWidth),
        bounds=((1E-5,1-1E-5),))
    if out['success']:var=out['x'][0]
    else:var=1
```

```
 eMax=var*(1+(1./q)**.5)**2
 return eMax,var
#------------------------------------------------------
eMax0,var0=findMaxEval(np.diag(eVal0),q,bWidth=.01)
nFacts0=eVal0.shape[0]-np.diag(eVal0)[::-1].searchsorted(eMax0)
```

그림 2.2는 고유값 히스토그램과 적합화된 마르첸코-파스퇴르 분포의 PDF를 나타낸다. 적합화된 마르첸코-파스퇴르 분포의 오른쪽에 있는 고유값은 잡음과 연관될 수 없으므로 신호와 관련이 있다. 코드는 nFacts0에 대해 100의 값을 반환하며, 이는 공분산 행렬에 주입한 요인 수와 동일하다. 공분산 행렬에 존재하는 희미한 신호에도 불구하고, 이 절차는 잡음과 관련된 고유값을 신호와 관련된 고유값에서 분리할 수 있었다. 적합화된 분포는 $\sigma^2 \approx .6768$을 의미하며, 분산의 약 32.32%만이 신호에 기인함을 나타낸다. 이는 금융 데이터셋에서 신호 대 잡음 비율을 측정하는 방법 중 하나인데 신호 대 잡음 비율은 차익 거래 힘의 결과로 낮게 나타나는 것으로 알려져 있다.

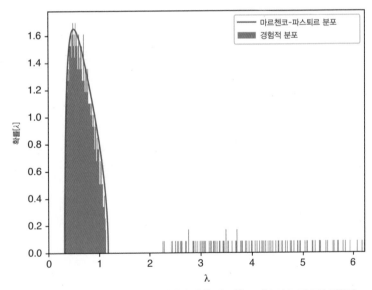

그림 2.2 잡음이 포함된 공분산 행렬에 대한 마르첸코-파스퇴르 PDF의 적합화

2.5 잡음 제거

수치적으로 불량 조건하에 있는 공분산 행렬(Ledoit and Wolf 2004)을 축소 shrinkage하는 것이 금융 분야에서 일반적이다. 공분산 행렬을 대각선에 가깝게 함으로써 축소는 조건 수를 감소시킨다. 그러나 축소는 잡음과 신호를 구분하지 않고 조건 수를 감소시킨다. 결과적으로 축소는 이미 약한 신호를 더 제거할 수 있다.

2.4절에서는 잡음 구성 요소와 관련된 고유값과 신호 구성 요소와 관련된 고유값을 구별하는 방법을 배웠다. 2.5절에서는 상관 행렬의 잡음 제거denoising에 이 정보를 사용하는 방법을 논의한다.

2.5.1 상수 잔차 고유값 방법

이 접근 방식은 모든 랜덤 고유 벡터에 대해 상수 고유값을 설정하는 데 있다. $\{\lambda_n\}_{n=1, \ldots, N}$은 모든 고유값의 집합이며, 내림차순이며, i는 $\lambda_i > \lambda_+$와 $\lambda_{i+1} \leq \lambda_+$가 되는 고유값의 위치가 된다. 그런 다음 $\lambda_j = 1/(N-i)\sum_{k=i+1}^{N} \lambda_k$, $j = i+1, \ldots, N$을 설정해 상관 행렬의 대각합을 보존한다. 고유 벡터 분해 $VW = W\Lambda$가 주어질 때 다음과 같이 잡음 제거 상관 행렬 C_1을 형성한다.

$$\widetilde{C}_1 = W\widetilde{\Lambda}W'$$
$$C_1 = \widetilde{C}_1 \left[\left(\text{diag}\left[\widetilde{C}_1\right]\right)^{\frac{1}{2}} \left(\text{diag}\left[\widetilde{C}_1\right]\right)^{\frac{1}{2}'} \right]^{-1}$$

여기서 $\widetilde{\Lambda}$는 보정된 고유값을 갖는 대각 행렬이며, 작은 따옴표(')는 행렬을 전치하고, diag[.]는 제곱 행렬의 모든 비대각 원소를 0화한다. 두 번째 변환의 이유는 행렬 $\widetilde{C}_1$의 스케일을 재조정해서 C_1의 주 대각선이 1의 배열이 되도록 하기 위이다. 코드 2.5는 이 방법을 구현한다. 그림 2.3은 이 방법에 의한 잡음 제거 전후 고유값의 로그값을 비교한다.

```
def denoisedCorr(eVal,eVec,nFacts):
  # 랜덤 고유값을 교정함으로써 상관계수 행렬로부터 잡음 제거
  eVal_=np.diag(eVal).copy()
  eVal_[nFacts:]=eVal_[nFacts:].sum()/float(eVal_.shape[0]-nFacts)
  eVal_=np.diag(eVal_)
  corr1=np.dot(eVec,eVal_).dot(eVec.T)
  corr1=cov2corr(corr1)
  return corr1
#------------------------------------------------
corr1=denoisedCorr(eVal0,eVec0,nFacts0)
eVal1,eVec1=getPCA(corr1)
```

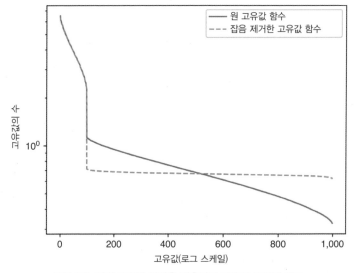

그림 2.3 잔차 고유값 방법을 적용하기 전후의 고유값 비교

2.5.2 타깃 축소

앞에서 설명한 수치적 방법은 신호를 보존하면서 잡음을 제거하기 때문에 축소보다는 선호된다. 대안적으로 랜덤 고유 벡터에 대해 엄격한 축소 적용을 목표로 할 수도 있다. 다음의 상관 행렬 C_1을 고려하자.

$$C_1 = W_L\Lambda_L W_L' + \alpha W_R\Lambda_R W_R' + (1-\alpha)\text{diag}[W_R\Lambda_R W_R']$$

여기서 W_R과 Λ_R은 $\{n|\lambda_n \leq \lambda_+\}$와 관련된 고유 벡터와 고유값이고, W_L과 Λ_L은 $\{n|\lambda_n > \lambda_+\}$와 관련된 고유 벡터와 고유값이며, α는 잡음과 관련된 고유 벡터와 고유값 사이의 축소량을 조절한다($\alpha \to 0$이면 총축소가 일어난다. 즉 잡음 모두에 대해서 축소가 일어난다). 코드 2.6은 이 방법을 구현한다. 그림 2.4는 이 방법에 의한 잡음 제거 전후의 고유값의 로그값을 비교한다.

코드 2.6 타깃 축소에 의한 잡음 제거

```
def denoisedCorr2(eVal,eVec,nFacts,alpha=0):
    # 타깃 축소를 통해 상관계수 행렬로부터 잡음 제거
    eValL,eVecL=eVal[:nFacts,:nFacts],eVec[:,:nFacts]
    eValR,eVecR=eVal[nFacts:,nFacts:],eVec[:,nFacts:]
    corr0=np.dot(eVecL,eValL).dot(eVecL.T)
    corr1=np.dot(eVecR,eValR).dot(eVecR.T)
    corr2=corr0+alpha*corr1+(1-alpha)*np.diag(np.diag(corr1))
    return corr2
#-------------------------------------------------------
corr1=denoisedCorr2(eVal0,eVec0,nFacts0,alpha=.5)
eVal1,eVec1=getPCA(corr1)
```

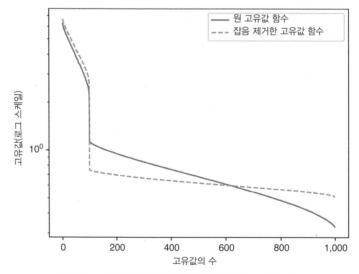

그림 2.4 타깃 축소 방법을 적용하기 전후의 고유값 비교

2.6 주음 제거

금융 상관 행렬은 일반적으로 시장 요소를 포함한다. 시장 구성 요소는 로딩 $W_{n,1} \approx N^{-\frac{1}{2}}$, $n = 1, \ldots, N$를 가진 첫 번째 고유 벡터로 특징 지워진다. 따라서 시장 요소는 공분산 행렬의 모든 항목에 영향을 미친다. 군집화 응용의 맥락에서 시장 요소가 존재하는 경우(통계적으로 시험할 수 있는 가설)이를 제거하는 것이 유용하다. 그 이유는 알고리즘이 군집 간 차이를 찾고자 애쓸 것이므로 강력한 시장 구성 요소를 가진 상관 행렬을 군집화하는 것이 더 어렵기 때문이다. 시장 요소를 제거해서 그 상관관계의 더 많은 부분을 유가증권의 특정 부분 집합에 영향을 미치는 요소들에 의해 설명될 수 있도록 한다. 이는 우리가 다른 소리를 듣지 못하게 하는 큰 소리를 제거하는 것과 비슷하다. 주음 제거^{detoning}는 회귀 분석에서 베타 조정(또는 시장 조정) 수익률을 계산하는 것과 유사한 주성분 분석이다.

잡음 제거된 상관 행렬 C_1에서 시장 요소를 제거해 주음 제거된 상관 행렬을 형성할 수 있다.

$$\widetilde{C}_2 = C_1 - W_M \Lambda_M W_M' = W_D \Lambda_D W_D'$$

$$C_2 = \widetilde{C}_2 \left[\left(\mathrm{diag} \left[\widetilde{C}_2 \right] \right)^{1/2} \left(\mathrm{diag} \left[\widetilde{C}_2 \right] \right)^{1/2'} \right]^{-1}$$

여기서 W_M과 Λ_M은 시장 요소와 관련된 고유 벡터 및 고유값(일반적으로 1개, 그러나 이상일 수 있다)이고, W_D와 Λ_D는 비시장 요소와 관련된 고유 벡터 및 고유값이다. 주음 제거된 상관 행렬은 (최소한) 1개의 고유 벡터를 제거한 결과로 특이 행렬이다. 이는 군집화 응용의 경우 대부분의 접근 방식이 상관 행렬의 역행렬을 요구하지 않기 때문에 문제가 되지 않는다. 그러나 평균-분산 포트폴리오 최적화에 주음 제거 상관 행렬 C_2는 직접 사용할 수 없다. 대신에 선택된 (비영^{non-zero}) 주성분을 기반으로 포트폴리오를 최적화하고, 최적 배분 f^*를 원래 기저로 다시 매핑할 수 있다. 원래 기저에서 최적 배분은 다음과 같다.

$$\omega^* = W_+ f^*$$

여기서 W_+는 주음 제거 프로세스에서 살아남은(null이 아닌 고유값을 가진) 고유 벡터만을 포함하며, f^*는 동일한 성분에 대한 최적 배분 벡터다.

2.7 실험 결과

잡음 제거 공분산 행렬로 작업하면 상당한 편익을 얻을 수 있다. 이러한 편익은 처리된 행렬의 수학적 특성에서 비롯되며, 몬테카를로 실험을 통해 평가할 수 있다. 2.7절에서는 무제약 효율적 경계의 어떤 구성 요소도 두 포트폴리오의 볼록 조합으로 도출될 수 있기 때문에 효율적 경계의 두 특성 포트폴리오, 즉 최소 분산과 최대 샤프Sharpe 비율 포트폴리오를 논의한다.

2.7.1 최소 분산 포트폴리오

2.7.1절에서는 잡음 제거를 포함한 것과 포함하지 않은 최소 분산 포트폴리오minimum variance portfolio의 추정과 관련된 오류를 계산한다. 코드 2.7은 각각 크기 50의 10개 블록으로부터 평균 벡터와 공분산 행렬을 형성하며, 여기서 각 블록 내의 비대각 원소는 0.5의 상관관계를 갖는다. 이 공분산 행렬은 각 블록이 경제 섹터와 연관돼 있는 S&P 500의 참(비경험적) 주음 제거 상관 행렬의 전형적인 표현이다. 일반성의 손실이 없이 분산은 5%와 20% 사이에서의 균등 분포에서 추출되며, 평균과 표준 편차가 공분산 행렬의 표준 편차와 동일한 정규 분포에서 평균 벡터가 추출된다.

코드 2.7 블록 대각 공분산 행렬과 평균 벡터의 생성

```
def formBlockMatrix(nBlocks,bSize,bCorr):
  block=np.ones((bSize,bSize))*bCorr
  block[range(bSize),range(bSize)]=1
  corr=block_diag(*([block]*nBlocks))
```

```
    return corr
#------------------------------------------------------
def formTrueMatrix(nBlocks,bSize,bCorr):
  corr0=formBlockMatrix(nBlocks,bSize,bCorr)
  corr0=pd.DataFrame(corr0)
  cols=corr0.columns.tolist()
  np.random.shuffle(cols)
  corr0=corr0[cols].loc[cols].copy(deep=True)
  std0=np.random.uniform(.05,.2,corr0.shape[0])
  cov0=corr2cov(corr0,std0)
  mu0=np.random.normal(std0,std0,cov0.shape[0]).reshape(-1,1)
  return mu0,cov0
#------------------------------------------------------
from scipy.linalg import block_diag
from sklearn.covariance import LedoitWolf
nBlocks,bSize,bCorr=10,50,.5
np.random.seed(0)
mu0,cov0=formTrueMatrix(nBlocks,bSize,bCorr)
```

이는 효율적인 시장에서 모든 증권들이 동일한 기대 샤프 비율을 갖고 있다는 개념과 일치한다. 다른 파라미터로 수행한 여러 실행 결과의 비교를 용이하게 하고자 시드를 고정시킨다.

코드 2.8은 참(비경험적) 공분산 행렬을 사용해 TxN 크기의 랜덤 행렬 X를 추출하고, 관련 경험적 공분산 행렬과 평균 벡터를 도출한다. 함수 sim CovMu는 T 값을 설정하는 인수 nOve를 받는다. Shrink＝True일 때 이 기능은 경험적 공분산 행렬의 르드와-울프$^{Ledoit-Wolf}$ 축소를 수행한다.

코드 2.8 경험적 공분산 행렬 생성

```
def simCovMu(mu0,cov0,nObs,shrink=False):
  x=np.random.multivariate_normal(mu0.flatten(),cov0,size=nObs)
  mu1=x.mean(axis=0).reshape(-1,1)
  if shrink:cov1=LedoitWolf().fit(x).covariance_
  else:cov1=np.cov(x,rowvar=0)
  return mu1,cov1
```

코드 2.9 경험적 공분산 행렬의 잡음제거

```
def corr2cov(corr,std):
  cov=corr*np.outer(std,std)
  return cov
#-------------------------------------------------
def deNoiseCov(cov0,q,bWidth):
  corr0=cov2corr(cov0)
  eVal0,eVec0=getPCA(corr0)
  eMax0,var0=findMaxEval(np.diag(eVal0),q,bWidth)
  nFacts0=eVal0.shape[0]-np.diag(eVal0)[::-1].searchsorted(eMax0)
  corr1=denoisedCorr(eVal0,eVec0,nFacts0)
  cov1=corr2cov(corr1,np.diag(cov0)**.5)
  return cov1
```

코드 2.9는 경험적 공분산 행렬에 이 절에서 설명하는 방법을 적용해 잡음을 제거한다. 이 특정 실험에서 일정한 상수 잔차 고유값 방법을 통해 잡음제거를 한다.

코드 2.10은 1,000회 반복으로 다음과 같은 몬테카를로 실험을 실행한다. (1) $T = 1,000$으로 랜덤 경험적 공분산 행렬을 추출하고(축소는 선택 사항), (2) 경험적 공분산의 잡음을 제거하고(선택 사항) (3) optPort 함수를 사용해 최소 분산 포트폴리오를 도출한다. 인수 shrink = Ture를 함수 simCovMu에 전달할 때 공분산 행렬은 축소된다. 파라미터 bWidth>0일 경우 최소 분산 포트폴리오를 추정하기 전에 공분산 행렬의 잡음이 제거된다.[2] 랜덤 시드는 임의로 설정돼 이 몬테카를로를 잡음이 제거된 경우와 잡음이 포함된 경우 모두 동일한 공분산 행렬에 대해서 실행할 수 있다.

코드 2.10 경험적 공분산 행렬의 잡음 제거

```
def optPort(cov,mu=None):
  inv=np.linalg.inv(cov)
  ones=np.ones(shape=(inv.shape[0],1))
```

---

2 bWidth의 최적값을 교차 검증으로 추정하는 것은 연습으로 남긴다.

```
    if mu is None:mu=ones
    w=np.dot(inv,mu)
    w/=np.dot(ones.T,w)
    return w
#-----------------------------------------------
nObs,nTrials,bWidth,shrink,minVarPortf=1000,1000,.01,False,True
w1=pd.DataFrame(columns=xrange(cov0.shape[0]),
                index=xrange(nTrials),dtype=float)
w1_d=w1.copy(deep=True)
np.random.seed(0)
for i in range(nTrials):
    mu1,cov1=simCovMu(mu0,cov0,nObs,shrink=shrink)
    if minVarPortf:mu1=None
    cov1_d=deNoiseCov(cov1,nObs*1./cov1.shape[1],bWidth)
    w1.loc[i]=optPort(cov1,mu1).flatten()
    w1_d.loc[i]=optPort(cov1_d,mu1).flatten()
```

코드 2.11은 실제 공분산 행렬에서 도출된 참 최소 분산 포트폴리오를 계산한다. 이들 배분을 벤치마크로 사용해 잡음 제거 여부와 관계없이 모든 비중에 걸쳐 평균 제곱근 오차$^{RMSE, Root-Mean-Square Error}$를 계산한다. 축소의 유무 모든 경우에 코드 2.11을 실행할 수 있으며, 따라서 표 2.1에 표시된 네 가지 조합을 얻을 수 있다. 잡음 제거는 축소보다 훨씬 효과적이다. 잡음 제거된 최소 분산 포트폴리오는 잡음 제거 안 된 최소 분산 포트폴리오에서 발생하는 RMSE의 40.15%만을 발생시킨다. 이는 르드와-울프 축소를 사용한 30.22%의 감소에 비해 RMSE가 잡음 제거로만 59.85% 감소하는 것이다. 축소는 잡음 제거가 기여하는 것 이상의 이익을 거의 추가하지 않는다. 잡음 제거와 축소의 결합에 따른 RMSE 감소량은 65.63%로 잡음 제거만을 사용한 결과보다 크게 낮지 않다.

코드 2.11 평균 제곱근 오차(RMSE)

```
w0=optPort(cov0,None if minVarPortf else mu0)
w0=np.repeat(w0.T,w1.shape[0],axis=0)
rmsd=np.mean((w1-w0).values.flatten()**2)**.5 # RMSE
```

```
rmsd_d=np.mean((w1_d-w0).values.flatten()**2)**.5 # RMSE
print rmsd,rmsd_d
```

표 2.1 잡음 제거와 축소의 조합에 대한 RMSE(최소 분산 포트폴리오)

	잡음 제거 안 함	잡음 제거
축소 안 함	4.95E-03	1.99E-03
축소	3.45E-03	1.70E-03

2.7.2 최대 샤프 비율 포트폴리오

이전 실험을 반복할 수 있는데, 이 경우 최대 샤프 비율 포트폴리오 maximum sharpe ratio portfolio의 추정을 목표로 삼는다. 그러기 위해서는 코드 2.10에서 minVarPortf=True로 설정해야 한다. 표 2.2은 다시 한번 잡음 제거가 축소보다 훨씬 더 효과적이라는 것을 보여 준다. 잡음 제거된 최대 샤프 비율 포트폴리오는 잡음 제거가 없는 최대 샤프 비율 포트폴리오에 의해 초래되는 RMSE의 0.04%만을 발생시킨다. 이는 르드와-울프 축소를 사용한 70.77% 감소에 비해 잡음 제거로만 RMSE가 94.44% 감소하는 것이다. 축소는 잡음 제거가 없는 경우에 어느 정도 도움이 되지만, 잡음 제거와 결합할 때 아무런 이득도 추가하지 않는다. 이는 축소가 신호의 일부도 희석시키는 비용을 감수하면서 잡음을 희석시키기 때문이다.

표 2.2 잡음 제거와 축소의 조합에 대한 RMSE(최대 샤프 비율 포트폴리오)

	잡음 제거 안 함	잡음 제거
축소 안 함	9.48E-01	5.27E-02
축소	2.77E-01	5.17E-02

2.8 결론

금융에서 경험적 공분산 행렬은 수많은 파라미터를 추정하는 데 사용되는 소수의 독립 관측값이 사용되므로 종종 수치적으로 불량 조건하에 처하게 된다. 이러한 행렬을 치유 없이 직접 작업하는 것은 권장되지 않는다. 공분산 행렬이 비특이 행렬이어서 역행렬을 취할 수 있는 경우에도 작은 행렬식 값으로 추정 오차가 역행렬 프로세스에 의해 거의 확실히 크게 확대된다. 이러한 추정 오차는 잘못된 자산 배분을 가져오고, 불필요한 리밸런싱으로 상당한 거래 비용을 초래한다.

마르첸코–파스퇴르 정리는 랜덤 행렬과 관련된 고유값의 분포를 제공한다. 이 분포를 적합화함으로써 신호에 관련된 고유값과 잡음에 관련된 고유값을 구별할 수 있다. 후자는 신호를 희석하지 않고 행렬의 불량 조건 상황을 교정하도록 조정될 수 있다. 이러한 랜덤 행렬의 이론적 접근 방식은 (1) 잡음으로 인한 실제 분산 양에 관계없이, 고정된 분산 양을 결합해서 설명하는 다수의 구성 요소를 선택하는 임계값 방법(Jollife 2002, 113)과 (2) 신호의 상당 부분을 희석하는 비용을 치르면서 일부 잡음을 제거할 수 있는 축소 방법(Ledoit and Wolf 2004)보다 일반적으로 선호된다.

상관 행렬의 조건 수가 최대값과 최소값(나머지 연산 기준[3]) 사이의 비율이라는 점을 상기하라. 잡음 제거는 가장 낮은 고유값을 증가시킴으로써 조건 수를 감소시킨다. 우리는 가장 높은 고유값을 줄임으로써 조건 수를 더 줄일 수 있다. 이것은 수학적으로 이치에 맞고, 또한 직관적으로 이치에 맞는다. 상관계수 행렬에 존재하는 시장 구성 요소를 제거하면 시장 '주음 tone' 아래에 숨어 있는 보다 미묘한 신호가 증폭된다. 예를 들어, 주식 수익률의 상관계수 행렬을 군집화하려고 한다면 상관계수 행렬의 주음을 제거하는 것이 섹터, 산업 또는 크기와 같은 다른 노출exposure과 관련된 신호를 증폭시키는 데 도움이 될 것이다.

---

3 반올림 오차 기준 – 옮긴이

포트폴리오 최적화의 맥락에서 잡음 제거의 유용성을 입증했지만, 그것의 적용은 공분산 행렬의 어떤 사용에도 확장된다. 예를 들어, 역행렬을 적용하기 이전에 행렬 $X'X$의 잡음을 제거하면 회귀 추정치의 분산을 줄이고 가설의 통계적 검정의 검정력을 향상시키는 데 도움이 될 것이다. 같은 이유로 회귀 요인regressed factors(요인 기반 공분산 행렬이라고도 함)에서 도출된 공분산 행렬도 잡음 제거가 필요하며, 수치 처리 없이 사용해서는 안 된다.

2.9 연습문제

1. 2.6절에 설명된 잡음 제거 방법을 파이썬으로 구현하라.
2. 일련의 주식 수익률 행렬 사용한다.
   (a) 공분산 행렬을 계산하라. 상관계수 행렬의 조건 수는 무엇인가?
   (b) 평균 10%와 표준 편차 10%인 정규 분포에서 100개의 대체 기대 수익률 벡터를 도출해서 효율적인 프론티어 100개를 계산하라.
   (c) 평균 효율적 경계에 대한 오차의 분산을 계산하라.
3. 연습 2를 반복한다. 여기서 이번에는 공분산 행렬의 잡음을 제거한 후 100개의 효율적인 경계를 계산하라.
   (a) 마르첸코-파스퇴르 분포에서 암시하는 σ^2의 값은 무엇인가?
   (b) 랜덤 성분과 관련된 고유값은 몇 개인가?
   (c) 오차의 분산이 유의하게 더 높은가 아니면 더 낮은가? 그 이유는 무엇인가?
4. 연습 2를 반복한다. 여기서 이번에는 100개의 효율적인 프론티어를 계산하기 전에 공분산 행렬에서 르드와-울프 축소 방법(잡음 제거 대신)을 적용한다. 오차의 분산이 유의하게 더 높은가 아니면 더 낮은가? 그 이유는 무엇인가?
5. 연습 3을 반복한다. 여기서 100개의 효율적인 프론티어를 계산하기 전에 공분산 행렬의 주음을 제거하라. 오차의 분산이 유의하게 더 높은가

아니면 더 낮은가? 그 이유는 무엇인가?

6. 고유값이 지정된 임계값 아래로 떨어지는 성분을 제거하면 어떤 일이 일어나는가? 효율적인 경계를 아직 계산할 수 있나? 어떻게?

7. 교차 검증을 통해 bWidth의 최적값을 추정하도록 코드 2.2의 함수 fitKDE를 확장하라.

03
거리 척도

3.1 동기 부여

2장에서는 경험적 상관계수(과 이를 확장한 공분산) 행렬의 중요한 수치적 특성을 연구했다. 그 모든 장점에도 불구하고 상관계수는 상호의존성의 척도로서 몇 가지 결정적인 한계에 시달린다. 3.1절에서는 인터넷, 휴대 전화, 파일 압축, 비디오 스트리밍, 암호화 등 많은 현대의 경이로움의 바탕에 있는 정보 이론 개념을 검토해 그러한 한계를 극복한다. 만약 연구자들이 상호의존성을 이해하고자 상관계수를 넘어서 보지 않았다면 이 발명들 중 어떤 것도 가능하지 않았을 것이다.

밝혀진 바와 같이 일반적으로 정보 이론, 특히 샤논의 엔트로피Shannon's entropy 개념은 금융에 유용한 응용 분야를 갖고 있다. 엔트로피의 핵심 아이디어는 랜덤 변수와 관련된 불확실성의 양을 계량화하는 것이다. 많은 머신러닝 알고리즘의 1차 목표는 문제 해결과 관련된 불확실성의 양을 줄이는 것이기 때문에 정보 이론은 머신러닝에 필수적이다. 3장에서는 (1) 의사 결정 트리 학습의 목적 함수 정의, (2) 분류 문제에 대한 손실 함수 정의, (3) 두 랜덤 변수 사이의 거리 평가, (4) 군집 비교, (5) 특성 선택 등 다양한 설정에서 머신러닝 전체에 사용되는 개념을 검토한다.

3.2 상관계수 기반 척도

상관계수는 선형적 상호의존성의 유용한 척도다. 일단 상관계수 행렬의 잡음과 주음이 제거되면 시스템에 대한 중요한 구조 정보를 보일 수 있다. 예를 들어, 상호연관성이 매우 높은 유가증권의 군집을 식별하고자 상관계수를 사용할 수 있다. 그러나 상관계수를 사용하기 전에 기술적 문제를 해결해야 한다. 상관계수는 비음성^{nonnegativity}과 삼각 부등식 조건을 충족시키지 못하기 때문에 척도가 되지 못한다. 거리 척도는 집합에 대한 직관적인 위상관계를 유도하기 때문에 중요하다. 이러한 직관적 위상관계 없이 상호의존성의 비거리적 측정을 비교하는 것은 다소 일관성 없는 결과를 초래할 수 있다. 예를 들어, 상관계수 (0.9,1.0)의 차이는 (0.1,0.2)의 차이와 같다. 물론 전자가 상호의존성의 관점에서 더 큰 차이를 가질 것이다.

크기 T의 랜덤 벡터 X와 Y와 상관계수 추정치 $\rho[X, Y]$를 고려하자. 상관계수는 단지 $\sigma[X, Y] = \rho[X, Y]\sigma[X]\sigma[Y]$를 만족하면 되는데 여기서 $\sigma[X, Y]$는 두 벡터의 공분산이고, $\sigma[\cdot]$은 표준 편차다. 피어슨 상관계수는 이들 조건을 만족하는 여러 상관계수 추정치 중 하나다. 이때 $d_\rho[X, Y] = \sqrt{1/2(1 - \rho[X,Y])}$는 거리 척도다.

이 명제를 증명하고자 첫째, 두 벡터의 유클리드 거리가 $d[X, Y] = \sqrt{\sum_{t=1}^{T}(X_t - Y_t)^2}$이라고 고려하자. 둘째, 이들 벡터를 $x = (X - \bar{X})/\sigma[X]$, $y = (Y - \bar{Y})/\sigma[Y]$로 z-표준화하자. 여기서 $\bar{X}$는 X의 평균 $\bar{Y}$는 Y의 평균이다. 결국 $\rho[x, y] = \rho[X, Y]$다. 셋째, 유클리드 거리 $d[x, y]$를 다음과 같이 도출한다.

$$d[x,y] = \sqrt{\sum_{t=1}^{T}(x_t - y_t)^2}$$
$$= \sqrt{\sum_{t=1}^{T}x_t^2 + \sum_{t=1}^{T}y_t^2 - 2\sum_{t=1}^{T}x_t y_t} = \sqrt{T + T - 2T\sigma[x,y]}$$

$$= \sqrt{2T\left(\underbrace{1 - \rho[x,y]}_{=\rho[X,Y]}\right)} = \sqrt{4T}d_\rho[X,Y]$$

거리 척도 $d[X, Y]$는 $\rho[X, Y] \in [-1, 1]$이므로 정규화 특성 $d_\rho[X, Y] \in [0, 1]$을 갖는다. 또 다른 특성은 절대값에 상관없이 음의 상관계수를 갖는 두 랜덤 변수가 양의 상관계수를 갖는 두 랜덤 변수보다 더 멀게 된다는 것이다. 이 특성은 여러 응용에서 합리적이다. 예를 들어, 롱-온리$^{\text{long-only}}$ 포트폴리오를 구축하고자 할 때, 음의 상관계수를 갖는 보유 종목들은 단지 위험만을 상쇄하므로 분산 목적을 위해 다르게 취급해야만 한다. 다른 예로서 롱-숏$^{\text{long-short}}$ 포트폴리오를 들 수 있는데 종종 매우 큰 음의 상관계수를 가진 증권을 유사하게 고려한다. 이 경우 대안적인 정규화된 상관계수 기반의 거리 척도 $d_{|\rho|}[X, Y] = \sqrt{1 - |\rho[X, Y]|}$를 정의할 수 있다.

마찬가지로 $d_{|\rho|}[X, Y]$가 $Z/2Z$ 비율에 대한 진정한 척도로 축약되는 것을 증명할 수 있다. 이를 위해서 $y = (Y - \overline{Y})/\sigma[Y]\text{sgn}[\rho[X, Y]]$를 재정의한다. 여기서 $\text{sgn}[\cdot]$는 부호 연산자이고, $0 \leq \rho[x, y] = |[X, Y]|$가 된다. 그러므로 이전과 사용한 동일한 논리를 따라서 다음을 보일 수 있다.

$$d[x,y] = \sqrt{2T\left(\underbrace{1 - \rho[x,y]}_{=|\rho[X,Y]|}\right)} = \sqrt{2T}d_{|\rho|}[X,Y]$$

3.3 한계와 결합 엔트로피

상관계수 개념은 세 가지 중요한 결점을 제공한다. 첫째, 이는 두 랜덤 변수 간의 선형 상호의존성을 계량화한다. 이는 비선형관계를 무시한다. 둘째, 상관계수는 특이치에 크게 영향을 받는다. 셋째, 다변수 정규 분포의 경우를 넘어서는 응용은 의심스럽다. 우리는 어떤 두 실수 변수 간의 상관 관계를 포착하고 싶지만, 두 변수가 이변수 정규 분포를 따르지 않는다면 상관계수는 일반적으로 의미가 없어진다. 이러한 결함을 극복하고자 몇 가지 정보이론 개념을 도입해야 한다.

X를 확률 $p[x]$로 집합 S_X로부터 x값을 취하는 이산 랜덤 변수라 하자. X의 엔트로피는 다음과 같이 정의된다.

$$H[X] = - \sum_{x \in S_X} p[x] \log[p[x]]$$

3장을 통틀어서 $\lim_{p \to 0^+} p \log[p] = 0$이므로 $0 \log[0] = 0$의 관행을 따를 것이다. 값 $1/p[x]$는 하나의 관측이 얼마나 예상하지 못했는가를 측정한다. 왜냐하면 예상하지 못한 관측은 낮은 확률로 특징지워지기 때문이다. 엔트로피는 이들 예상치 못함의 기대값이며, $\log[\cdot]$ 함수는 $p[x]$가 $1/p[x]$를 상쇄하는 것을 방지하고, 엔트로피에 바람직한 수학적 특성을 부여한다. 따라서 엔트로피는 X와 연관된 불확실성의 양으로 해석할 수 있다. 모든 확률이 S_X의 하나의 원소에 집중될 때 엔트로피는 0이다. 엔트로피는 X가 균등 분포, 즉 $p[x] = 1/\|S_X\|$, $\forall x \in S_X$일 때 $\log[\|S_X\|]$에서 최대값에 도달한다.

Y를 확률 $p[y]$로 집합 S_Y로부터 y값을 취하는 이산 랜덤 변수라 하자. 랜덤 변수 X와 Y는 동일한 확률 공간에서 정의될 필요는 없다. X와 Y의 결합 엔트로피joint entropy는 다음과 같다.

$$H[X, Y] = - \sum_{x,y \in S_X \times S_Y} p[x,y] \log[p[x,y]]$$

특히 $H[X, Y] = H[Y, X]$, $H[X, X] = H[X]$, $H[X,Y] \geq \max\{H[X], H[Y]\}$이고, $H[X, Y] \leq H[X] + H[Y]$이다.

샤논의 엔트로피는 단지 이산 랜덤 변수에 대해서만 유한하다는 것을 인지하는 것이 중요하다. 연속인 경우 이산 포인트의 극한 밀도LDDP, Limiting Density of Discrete Point를 사용하거나 3.9절에서 설명한 바와 같이 랜덤 변수를 이산화해야 한다(Jaynes 2003).

3.4 조건부 엔트로피

Y가 주어졌을 때 X의 조건부 엔트로피conditional entropy는 다음과 같이 정의된다.

$$H[X|Y] = H[X, Y] - H[Y] = -\sum_{y \in S_Y} p[y] \sum_{x \in S_X} p[x|Y = y] \log[p[x|Y = y]]$$

여기서 $p[x|Y = y]$는 Y가 y값을 취할 때 조건부로 X가 x값을 취하는 확률이다. 이 정의를 따라서 $H[X|Y]$는 Y의 값을 들었을 때 X에서 기대하는 불확실성이다. 따라서 $H[X|Y] = 0$이고, $H[X] \geq H[X|Y]$이다.

3.5 쿨백-라이블러 발산

p와 q가 동일한 확률 공간에 정의된 2개의 이산 확률 분포라 하자. p와 q 간의 쿨백-라이블러KL, Kullback-Leibler 발산은 다음과 같다.

$$D_{KL}[p \| q] = -\sum_{x \in S_X} p[x] \log \left[\frac{q[x]}{p[x]} \right] = \sum_{x \in S_X} p[x] \log \left[\frac{p[x]}{q[x]} \right]$$

여기서 $q[x] = 0 \Rightarrow p[x] = 0$이다. 직관적으로 이 표현은 p가 얼마나 기준 분포 q로부터 발산하는가를 측정한다. KL 발산은 거리 척도가 아니다. 항상 비음이지만, 대칭성 ($D_{KL}[p\|q] \geq 0$)과 삼각 부등 조건 ($D_{KL}[p\|q] \neq D_{KL}[q\|p]$)을 위배한다. 두 랜덤 변수가 반드시 동일한 확률 공간에 존재할 필요가 없는 결합 엔트로피의 정의와의 차이를 주목하자. KL 발산은 변분 추론variational inference에 널리 사용된다.

3.6 교차 엔트로피

p와 q를 동일한 확률 공간에 정의된 2개의 이산 확률 분포라 하자. p와 q 간의 교차 엔트로피cross-entropy는 다음과 같다.

$$H_C[p \parallel q] = - \sum_{x \in S_X} p[x] \log[q[x]] = H[X] + D_{KL}[p \| q]$$

교차 엔트로피는 진정한 분포 p가 아닌 잘못된 분포 q를 사용해서 정보 내용을 평가할 때의 X와 연관된 불확실성으로 해석될 수 있다. 교차 엔트로피는 분류 문제에 있어 인기 높은 점수 함수이며, 특히 금융 응용에 유용하다(López de Prado 2018, 9.4절).

3.7 상호 정보

상호 정보mutual information는 Y값을 알 때 초래되는 X의 불확실성 감소(또는 정보 이득)로 정의된다.

$$
\begin{aligned}
I[X, Y] &= H[X] - H[X|Y] = H[X] + H[Y] - H[X, Y] \\
&= \sum_{x \in S_X} \sum_{y \in S_Y} p[x, y] \log\left[\frac{p[x, y]}{p[x]p[y]}\right] \\
&= D_{KL}[p[x, y] \| p[x]p[y]] = \sum_{y \in S_Y} p[y] \sum_{x \in S_X} p[x|y] \log\left[\frac{p[x|y]}{p[x]}\right] \\
&= E_Y[D_{KL}[p[x|y] \| p[x]]] = \sum_{x \in S_X} p[x] \sum_{y \in S_Y} p[y|x] \log\left[\frac{p[y|x]}{p[y]}\right] \\
&= E_X[D_{KL}[p[y|x] \| p[y]]]
\end{aligned}
$$

위에서 $I[X, Y] \geq 0$, $I[X, Y] = I[Y, X]$이고, $I[X, X] = H[X]$임을 알 수 있다. X와 Y가 독립일 때 $p[x, y] = p[x]p[y]$이므로 $I[X, Y] = 0$이다. 상계는 $I[X, Y] \leq \min\{H[X], H[Y]\}$로 주어진다. 그러나 상호 정보는 거리 척도가 아니다. 왜냐하면 이는 삼각 부등식 $I[X, Z] \nleq I[X, Y] + I[Y, Z]$을 성립하지 못하

기 때문이다. 상호 정보의 중요한 속성은 다음의 그룹화 특성이다.

$$I[X, Y, Z] = I[X, Y] + I[(X, Y), Z]$$

여기서 (X, Y)는 X와 Y의 결합 분포를 나타낸다. X, Y와 Z는 그 자체로 결합 분포를 나타낼 수 있기 때문에 위의 특성은 상호 정보를 더 단순한 구성요소로 분해하는 데 사용할 수 있다. 이는 상호 정보를 응집형 군집화 알고리즘agglomerative clustering algorithm과 전방 특성 선택forward feature selection의 맥락에서 유용한 유사도similarity 척도로 만든다.

차원당 일정 수의 분할(빈bin)을 가진 정규화된 그리드로 이산화된 동일 크기의 2개의 배열 x와 y가 주어졌을 때 코드 3.1은 파이썬으로 한계 엔트로피, 결합 엔트로피, 조건부 엔트로피와 상호 정보를 계산하는 법을 보여준다.

코드 3.1 한계, 결합, 조건부 엔트로피, 상호 정보

```python
import numpy as np, scipy. stats as ss
from sklearn.metrics import mutual_info_score
cXY=np.histogram2d(x,y,bins)[0]
hX=ss.entropy(np.histogram(x,bins)[0]) # 한계
hY=ss.entropy(np.histogram(y,bins)[0] )# 한계
iXY=mutual_info_score(None,None,contingency=cXY)
iXYn=iXY/min(hX,hY) # 정규화된 상호 정보
hXY=hX+hY-iXY # 결합
hX_Y=hXY-hY # 조건부
hY_X=hXY-hX # 조건부
```

3.8 정보 변분

정보 변분variation of informaiton은 다음과 같이 정의된다.

$$\begin{aligned} VI[X, Y] &= H[X|Y] + H[Y|X] = H[X] + H[Y] - 2I[X, Y] \\ &= 2H[X, Y] - H[X] - H[Y] = H[X, Y] - I[X, Y]. \end{aligned}$$

이 척도는 다른 변수의 값을 들었을 때 다른 한 변수에서 예상하는 불확실성으로 해석할 수 있다. 이는 $VI[X, Y] = 0 \Leftrightarrow X = Y$와 같은 하계, $VI[X, Y] \leq H[X, Y]$와 같은 상계를 갖는다. 정보 변분은 거리 척도다. 왜냐하면 (1) 비음성, $VI[X, Y] \geq 0$, (2) 대칭성 $VI[X, Y] = VI[Y, X]$, (3) 삼각 부등식 $VI[X, Z] \leq VI[X, Y] + VI[Y, Z]$의 공리를 만족하기 때문이다.

$H[X, Y]$는 S_X와 S_Y의 크기의 함수이므로 $VI[X, Y]$는 엄격한 상계를 갖지 않는다. 우리는 여러 모집단 크기 간에 정보 변분을 비교하고자 하기 때문에 이것은 문제가 된다. 다음 식은 모든 (X, y) 쌍에 대해 0과 1사이로 한정되는 척도다.

$$\widetilde{VI}[X, Y] = \frac{VI[X, Y]}{H[X, Y]} = 1 - \frac{I[X, Y]}{H[X, Y]}$$

크라스코프 등(Kraskov et al., 2008)을 따라서 더 강한 대안의 한정된 척도는 다음과 같다.

$$\widetilde{\widetilde{VI}}[X, Y] = \frac{\max\{H[X|Y], H[Y|X]\}}{\max\{H[X], H[Y]\}} = 1 - \frac{I[X, Y]}{\max\{H[X], H[Y]\}}$$

여기서 모든 (X, y) 쌍에 대해 $\widetilde{\widetilde{VI}}[X, Y] \leq \widetilde{VI}[X, Y]$이다. 이전의 예제를 따라서 코드 3.2는 상호 정보, 정보 변분과 정규화된 정보 변분을 계산한다.[1]

코드 3.2 상호 정보, 정보 변분과 정규화된 정보 변분

```
import numpy as np, scipy, stats as ss
from sklearn.metrics import mutual_info_score
#.................................................................
..............................
def varInfo(x,y, bins, norm=False):
  # 정보 변분
  cXY=np.historgram2d(x,y,bins)[0]
  iXY = mutual_info_score(None, None, contingecy=cXY)
```

---

1 https://pypi.org/project/pyitlib/를 참고하자.

```
hX=ss.entropy(np.historgram(x, bins)[0[ # 한계
hY=ss.entropy(np.historgram(y, bins)[0[ # 한계
vXY = hX+hY-2*iXY # 정보 변분
if norm:
    hXY=hX+hY-iXY # 결합
    vXY /= hXY # 정규화된 정보 변분
return vXY
```

요약으로 그림 3.1은 이들 개념들이 어떻게 상호관련되는지 시각적으로 표현한다.

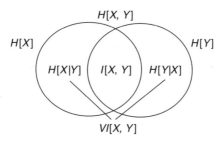

그림 3.1 결합 엔트로피, 한계 엔트로피, 조건부 엔트로피, 상호 정보와 정보 변분의 상호관련성

3.9 이산화

3장을 통틀어 랜덤 변수가 이산 변수라고 가정했다. 연속인 경우 값을 양자화(덩어리로 나누는 것)하고, 동일한 개념을 구간으로 나눠진 관찰에 적용한다. 확률 분포 함수 $f_X[X]$를 가진 연속 랜덤 변수 X를 고려하자. 샤논은 이것의 (미분) 엔트로피를 다음과 같이 정의했다.

$$H[X] = - \int\limits_{-\infty}^{\infty} f_X[x]\log[f_X[x]]dx$$

가우시안 랜덤 변수 X의 엔트로피는 $H[X] = 1/2\log[2\pi e\sigma^2]$이므로 표준 정규의 경우 $H[X] \approx 1.42$이다. 유한 실수값 샘플에서 $H[X]$를 추정하는 한 방

법은 관측값 $\{x\}$을 걸친 범위를 동일한 크기 Δ_X, $\Delta_X = (\max\{x\} - \min\{x\})/B_X$의 B_X개의 빈bin으로 나누는 것이다. 이는 다음을 산출한다.

$$H[X] \approx - \sum_{i=1}^{B_X} f_X[x_i]\log[f_X[x_i]]\Delta_X$$

여기서 $f_X[x_i]$는 i번째 빈에 떨어지는 관측의 빈도를 나타낸다. $p[x_i]$를 i번째 빈에 상응하는 Δ_X 구간 내에서 관측을 추출하는 확률이라 하자. $p[x_i]$를 $p[x_i] \approx f_X[x_i]\Delta_X$로 근사할 수 있고, 이는 $\hat{p}[x_i] = N_i/N$로 추정할 수 있다. 여기서 N_i는 i번째 빈의 관측 수다. $N = \sum_{i=1}^{B_X} N_i$이고 $\sum_{i=1}^{B_X} \hat{p}[x_i] = 1$이다. 이는 다음 형태의 이산화된 엔트로피 추정량을 산출한다.

$$H[X] \approx - \sum_{i=1}^{B_X} f_X[x_i]\log[f_X[x_i]]\Delta_X$$

동일한 논의를 적용하면 결합 엔트로피는 다음과 같다.

$$\hat{H}[X, Y] = - \sum_{i=1}^{B_X} \sum_{j=1}^{B_Y} \frac{N_{i,j}}{N} \log\left[\frac{N_{i,j}}{N}\right] + \log[\Delta_X \Delta_Y]$$

추정량 $\hat{H}[X]$와 $\hat{H}[X, Y]$로부터 조건부 엔트로피, 상호 정보와 정보 변분의 추정량을 도출할 수 있다. 이들 식으로부터 알 수 있듯이 결과는 B_X와 B_Y의 선택에 의해 편향될 수 있다. 한계 엔트로피의 경우 하신-가비 등(Hacine-Gharbi et al., 2012)은 다음과 같이 최적 빈수optimal binning가 주어지는 것을 밝혔다.

$$B_X = \text{round}\left[\frac{\zeta}{6} + \frac{2}{3\zeta} + \frac{1}{3}\right]$$

$$\zeta = \sqrt[3]{8 + 324N + 12\sqrt{36N + 729N^2}}$$

결합 엔트로피의 경우는 하신-가비와 라비어(Ravier, 2018)는 최적 빈수 optimal binning가 다음에 의해 주어진다는 것을 발견했다.

$$B_X = B_Y = \text{round}\left[\frac{1}{\sqrt{2}}\sqrt{1 + \sqrt{1 + \frac{24N}{1 - \hat{\rho}^2}}}\right]$$

여기서 $\hat{\rho}$는 X와 Y의 상관계수 추정치다. 코드 3.3은 이전의 함수 varInfo를 수정해 이제 함수 numBins에 의해 도출된 최적 빈수를 포함하도록 한다.

코드 3.3 이산화된 연속 랜덤 변수에 대한 정보 변분

```python
def numBins(nObs,corr=None):
  # 이산화를 위한 최적 빈수
  if corr is None: # 단일 변수의 경우
    z=(8+324*nObs+12*(36*nObs+729*nObs**2)**.5)**(1/3.)
    b=round(z/6.+2./(3*z)+1./3)
  else: # 이변수의 경우
    b=round(2**-.5*(1+(1+24*nObs/(1.-corr**2))**.5)**.5)
  return int(b)
#-------------------------------------------------
def varInfo(x,y,norm=False):
  # 정보 변분
  bXY=numBins(x.shape[0], corr=np.corrcoef(x,y)[0,1])
  cXY=np.histogram2d(x,y,bXY)[0]
  iXY=mutual_info_score(None,None,contingency=cXY)
  hX=ss.entropy(np.histogram(x,bXY)[0]) # 한계
  hY=ss.entropy(np.histogram(y,bXY)[0]) # 한계
  vXY=hX+hY-2*iXY#variationofinformation
  if norm:
    hXY=hX+hY-iXY # 결합
    vXY/=hXY # 정규화된 정보 변분
  return vXY
```

3.10 두 분할 간의 거리

3.9절에서 랜덤 변수의 유사도를 평가하는 방법을 도출했다. 이들 개념을 동일한 데이터셋의 두 분할partition을 비교하는 문제에 확장할 수 있다. 여기

서 분할은 어느 정도 랜덤이라고 고려할 수 있다(Melia, 2007). 데이터셋 D의 분할 P는 다음과 같은 상호 분리된 비공nonempty 집합인 부분 집합들의 순서 없는 집합이다.

$$P = \{D_k\}_{k=1,\ldots,K},$$
$$\|D_k\| > 0, \forall k,$$
$$D_k \cap D_l = \varnothing, \forall k \neq l,$$
$$\bigcup_{k=1}^{k} D_k = D$$

P에 관련된 불확실성을 정의하자. 첫째, 어떤 원소 $d \in D$를 뽑는 확률을 $\tilde{p}[d] = 1/\|D\|$로 설정한다. 둘째, 랜덤하게 뽑은 원소 $d \in D$가 부분 집합 D_k에 속할 확률을 $p[k] = \|D_k\|/\|D\|$로 정의한다. 둘째, 확률 $p[k]$은 $S = \{1,\ldots,K\}$로부터의 값 k를 취하는 이산 랜덤 변수와 연관된다. 셋째, 이 이산 랜덤 변수에 연관된 불확실성은 엔트로피로 표현할 수 있다.

$$H[P] = -\sum_{k=1}^{K} p[k]\log[p[k]]$$

위로부터 $H[P]$가 $\|D\|$에 의존하지 않지만, 부분 집합들의 상대적인 크기에는 의존한다는 것을 알 수 있다. 두 번째 분할 $P' = \{D'_{k'}\}_{k=1,\ldots,K}$이 주어졌을 때 $S' = \{1,\ldots,K'\}$에서 k' 값을 취하는 두 번째 랜덤 변수를 정의할 수 있다. 랜덤하게 뽑은 원소 $d \in D$는 P 안의 부분 집합 D_k에 속하고, 또한 P'의 부분 집합 $D'_{k'}$에 속할 결합 확률은 다음과 같다.

$$p[k, k'] = \frac{\|D_k \cap D'_{k'}\|}{\|D\|}$$

결합 엔트로피는 다음과 같이 정의된다.

$$H[P, P'] = -\sum_{k=1}^{K} \sum_{k'=1}^{K'} p[k, k']\log[p[k, k']]$$

그리고 조건부 엔트로피는 $H[P|P'] = H[P, \ P'] - H[P]$이다. 상호 정보는 다음과 같다.

$$I[P, P'] = H[P] - H[P|P'] = \sum_{k=1}^{K} \sum_{k'=1}^{K'} p[k, k'] \log \left[\frac{p[k, k']}{p[k]p[k']} \right]$$

그리고 정보 변분은 다음과 같다.

$$VI[P, P'] = H[P|P'] + H[P'|P]$$

여기서 분할 P에서 P'로 변할 때 $H[P|P']$는 P에 대한 정보 손실량을 측정하며, $H[P'|P]$는 P'에 대한 정보 이득량을 측정한다. 이 정보 변분의 정의는 여러 특성을 가지는데, 그중 (1) 이는 거리 척도이고, (2) 이는 (엔트로피와 같이) $VI[P, \ P'] \leq \log[\|D\|]$에서 절대값 상계를 가지며, (3) 부분 집합의 수는 상수 $\bar{K}$에 의해 한정되는데 $\bar{K} \leq \sqrt{\|D\|}$이며, 따라서 $VI[P, \ P'] \leq 2\log[\bar{K}]$이다. 이들 세 특성은 분할 간의 거리를 정규화해서 상이한 데이터셋에 걸쳐 분할 알고리즘을 비교할 수 있게 하므로 중요하다. 비지도학습의 맥락에서 정보 변분은 분할(비계층적) 군집 알고리즘으로부터의 결과를 비교하는 데 유용하다.

3.11 실험 결과

상호 정보는 두 랜덤 변수에 의해 공유되는 정보의 양을 계량화한다. 정규화된 상호 정보는 상관계수의 절대값처럼 $[0, 1]$ 범위 내에서 실수를 취한다. 또한 상관계수(또는 이의 절대값)처럼 상호 정보나 정규화된 상호 정보 모두 진정한 거리 척도는 아니다. 상관계수 ρ를 가진 두 랜덤 표준 정규 변수 X와 Y 간의 상호 정보는 다음과 같다고 알려져 있다.

$$I[X, Y] = -1/2\log[1 - \rho^2]$$

정규화된 상호 정보를 선형대수의 상관계수 정보 이론적 동의어로 간주할 수 있다는 것이 바로 이런 의미에서다. 다음에서 양 통계량이 서로 다른 시나리오에서 어떻게 작동하는지 연구한다.

3.11.1 무관계

표준 가우시안 분포로부터 랜덤 숫자 x와 e의 두 배열을 추출함으로써 시작한다. 그리고 나서 $y = 0x + e = e$를 계산하고, x와 y 간의 상관계수와 함께 정규화된 상호 정보의 값을 구한다.

코드 3.4 두 독립 가우시안 랜덤 변수의 상관계수와 정규화된 상호 정보

```
def mutualInfo (x ,y, norm=False):
  # 상호 정보
  bXY=numBins(x.shape[0], corr=np.corrcoef(x,y)[0,1])
  cXY=np.histogram2d(x,y, bXY)[0]
  iXY=mutual_info_score(None, None, contingency=cXY)
  if norm:
     hX=ss.entropy(np.histogram(x,bXY)[0]) # 한계
     hY=ss.entropy(np.histogram(y,bXY)[0]) # 한계
     iXY/=min(hX,hY) # 정규화된 상호 정보
  returniXY
#--------------------------------------------------
size,seed=5000,0
np.random.seed(seed)
x=np.random.normal(size=size)
e=np.random.normal(size=size)
y=0*x+e
nmi=mutualInfo(x,y,True)
corr=np.corrcoef(x,y)[0,1]
```

그림 3.2는 x에 대한 y를 표현한다. 이는 예상대로 구름처럼 뭉쳐 있다. 상관계수와 정규화된 상호 정보는 모두 0에 근사한다.

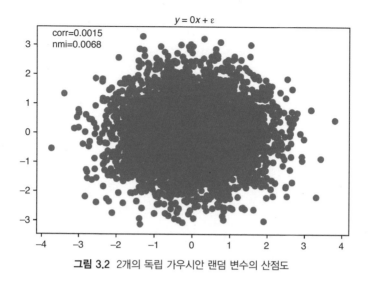

그림 3.2 2개의 독립 가우시안 랜덤 변수의 산점도

3.11.2 선형관계

이 예에서는 $y = 100x + e$로 설정해서 x와 y 간에 강한 선형관계를 부여한다. 이제 상관계수는 거의 1이고, 정규화 상호 정보 또한 근사적으로 0.9로 매우 높다. 여전히 정규화 상호 정보는 e에 관련된 어느 정도의 불확실성이 존재하기 때문에 1이 아니다. 예를 들어, $y = 10^4x + e$를 부여하면 정규화 상호 정보는 0.995다. 그림 3.3은 이 관계를 그린다.

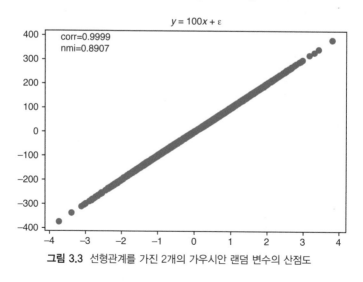

그림 3.3 선형관계를 가진 2개의 가우시안 랜덤 변수의 산점도

3.11.3 비선형관계

이 예제에서는 $y = 100|x| + e$로 설정해 x와 y 간의 x축을 사이로 하는 대칭 관계를 부여한다. 이제 상관계수는 거의 0이지만, 정규화 상호 정보는 근사적으로 0.64다. 예상대로 상관계수는 관계가 비선형이므로 x와 y 간의 강한 관계를 인지하지 못한다. 대조적으로 상호 정보는 y를 예측하고자 유용한 상당량의 정보를 x로부터 추출할 수 있다.

선형 경우와 달리 계수를 10^2에서 10^4로 올리는 것은 정규화 상호 정보를 크게 증가시키지는 않는다. 이 예에서 불확실성의 주요 원천은 e가 아니다. 정규화 상호 정보는 높지만, y를 아는 것이 x를 알기에 충분하지 않기 때문에 1은 아니다. 사실 각 y값에 연관된 2개의 다른 x값이 존재한다.

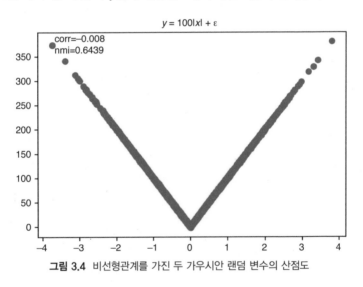

그림 3.4 비선형관계를 가진 두 가우시안 랜덤 변수의 산점도

3.12 결론

상관계수는 랜덤 변수 간의 선형 상호의존성을 계량화하는 데 유용하다. 이런 형태의 상호의존성은 거리 척도로 $d_\rho[X, Y] = \sqrt{\frac{1}{2}(1 - \rho[X, Y])}$ 또는

$d_{|\rho|}[X, Y] = \sqrt{1 - |\rho[X, Y]|}$와 같은 다양한 표현을 받아들인다. 그러나 변수 X와 Y가 비선형관계에 의해 한정될 때 위의 거리 척도는 이들 변수들의 유사도를 오판한다. 비선형의 경우 정규화 정보 변분이 더 적절한 거리 척도임을 주장했다. 이는 랜덤 변수에 의해 제공되는 고유한 정보에 관련된 질문에 함수 가정을 하지 않고도 답변을 제공할 수 있게 한다. 여러 머신러닝 알고리즘이 데이터에 대해 함수 형태를 부여하지 않기 때문에 이들을 엔트로피 기반의 특성과 함께 사용하는 것은 합리적이다.

3.13 연습문제

1. 단위 표준 편차와 상관계수 $\rho = \{-1, -.5, 0, .5, 1\}$를 가진 이변수 bivariate 정규 분포로부터 1,000개의 관측을 추출하라.

   (a) 3.9절에 묘사된 방법에 따라서 샘플을 이산화하라.

   (b) $H[X]$, $H[Y]$, $H[X, Y]$, $H[X|Y]$, $I[X, Y]$, $VI[X, Y]$, $\tilde{VI}[X, Y]$를 계산하라.

   (c) $H[X]$와 $H[Y]$는 ρ에 의해 영향을 받는가?

   (d) $H[X, Y]$, $H[X|Y]$, $I[X, Y]$, $VI[X, Y]$, $\tilde{VI}[X, Y]$는 ρ에 의해 영향을 받는가?

2. 이번에는 100만 관측에 대해서 1번 연습문제를 반복하라. 어떤 변수가 상이한 샘플 크기에 영향을 받는가?

3. 이번에는 연습문제 1로부터 이산화 스텝 B_X를 사용해서 2번 연습문제를 반복하라. 이것이 결과에 어떤 영향을 미치는가?

4. 상호 정보에 대한 정보 변분의 주요 이점은 무엇인가? 상호 정보가 정보 변분보다 더 적절한 금융에서의 이용 사례를 생각해 보라.

5. 3.2절에서 논의한 2개의 상관계수 기반의 거리 척도를 고려하라. 이들 척도가 정규화된 정보 변분보다 더 선호되는 이용 사례를 생각해 보라.

6. 두 이산 확률 분포 간의 **KL** 발산을 계산하는 함수를 파이썬으로 코딩하라.

7. 두 이산 확률 분포의 교차 엔트로피를 계산하는 함수를 파이썬으로 코딩하라.

8. $d_{\rho^2}[X, Y] = \sqrt{1 - \rho[X, Y]^2}$도 또한 적절한 거리 척도임을 증명하라.

04
최적 군집화

4.1 동기 부여

군집화 문제는 객체 집합과 이들 객체 집합과 연관이 있는 특성 집합으로 구성된다. 목적은 특성을 사용해서 객체들을 (군집으로 불리는) 그룹으로 분리하는 것이다. 여기서 그룹 내 유사도가 최대화되고, 그룹 간 유사도는 최소화된다. 과제를 푸는 데 있어 알고리즘을 도울 예제(정답)를 제공하지 않기 때문에 이는 비지도학습의 형태다. 군집화 문제는 투자 프로세스의 모든 단계에서 금융에 자연스럽게 나타난다. 예를 들어, 분석가들은 현재 사건과 유사한 과거 사건을 찾을 것이며, 이는 사건의 수치적 분류 체계를 개발하는 것과 관련된다. 포트폴리오 매니저들은 종종 다양한 특성에 대해 증권을 군집화해 동료 기업 간의 상대 가치를 도출한다. 리스크 매니저들은 공통 특징을 공유하는 증권에의 집중을 피하고자 주의를 기한다. 증권 집합에 영향을 주는 흐름을 이해하고, 상승세 또는 대규모 매도가 특정 증권에 특수한 것인지 또는 여러 증권에 의해 공유된 범주에 영향을 미치는 것인지를 결정하기 원할 것이다. 이들 문제를 해결하는 데 있어 3장에서 연구한 거리 개념을 사용한다. 3장에서 군집의 최적수와 구성을 찾는 문제에 초점을 맞춘다.

4.2 근접성 행렬

NxF 차수의 데이터 행렬 X를 고려하자. 여기서 N은 객체(샘플)의 수이고, F는 특성의 수다. F 특성을 사용해 N 객체 간의 NxN 행렬로 표현되는 근접성을 계산한다. 근접성 척도는 유사도(예: 상관관계, 상호 정보) 또는 비유사도(예: 거리 척도)를 가리킬 수 있다. 비유사도 척도가 거리 척도의 조건(비음, 대칭과 삼각부등식)을 만족하는 것은 편리하나 반드시 필요하지는 않다(Kraskov et al. 2008). 근접성 행렬은 무방향성 그래프로 표현될 수 있다. 그래프 엣지^{edge}의 가중치는 유사도(더 유사할수록 가중치가 더 커진다) 또는 비유사도(더 다를수록 가중치가 작아진다)의 함수다. 그러면 군집화 문제는 그래프를 연결된 구성 요소(분리된 연결 부분 그래프)로 분할하는 것과 동일하다. 근접성 행렬을 형성할 때 입력을 표준화해 한 특성의 크기가 나머지를 지배하는 것을 방지하는 것은 좋은 아이디어다.

4.3 군집화 종류

두 종류의 주요 군집화 알고리즘, 즉 분할과 계층적 군집화 알고리즘이 있다. 분할 기법은 객체를 한 수준에서 (중첩되지 않게) 분할한다(각 객체는 한 군집에 속하며 한 군집에만 속한다). 계층적 기법은 하나의 모든 객체를 포함하는 군집을 최정상으로 하고, 개별 포인트의 단일점으로 이뤄진 군집을 바닥으로 하는 분할의 중첩된 시퀀스를 생성한다. 계층적 군집화 알고리즘은 분할적일 수도 있고(하향식), 응집형(상향식)일 수도 있다. 계층적 트리의 성장을 제약함으로써 계층적 군집화로부터 분할 군집화를 도출할 수 있다. 그러나 일반적으로 분할 군집화로부터 계층적 군집화를 도출할 수는 없다.

군집화의 정의에 따라 여러 유형의 군집화 알고리즘을 구별할 수 있다. 이는 다음을 포함한다.

1. **연결성:** 이 군집화는 계층적 군집화와 같이 거리 연결성을 기반으로 한다. 금융에서의 예를 위해 로페즈 데 프라도(López de Prado 2016)를 참고하자.

2. **중심:** 이들 알고리즘은 k-평균과 같이 벡터 양자화를 수행한다. 금융에서의 예를 위해서는 로페즈 데 프라도와 루이스(López de Prado and Lewis 2018)를 참고하자.

3. **분포:** 군집이 통계 분포를 이용해 형성된다(예: 가우시안 혼합).

4. **밀도:** 이들 알고리즘은 데이터 공간의 연결되고 밀집된 공간을 탐색한다. 예는 DBSCAN과 OPTICS를 들 수 있다.

5. **하위 공간:** 군집들이 특성과 관측의 2차원 위에 모델링된다. 예는 (공동 군집화로도 알려져 있는) 양방향 군집화biclustering다. 예를 들어, 증권과 기간의 부분 집합들 간의 유사도를 동시에 식별할 수 있다.[1]

어떤 알고리즘은 유사도 척도를 입력으로 요구하고, 다른 알고리즘은 비유사도 척도를 입력으로 기대한다. 특정 알고리즘에 올바른 입력을 전달하는 것을 확인하는 것이 중요하다. 예를 들어, 계층적 알고리즘은 전형적으로 거리를 입력으로 취하고, 이는 이웃에 있는 아이템들을 군집화할 것이다. 중심, 분포, 밀도 방법은 벡터 공간 좌표를 기대하며, 거리를 직접 다룬다. 그러나 거리 행렬을 바로 이용하는 양방향 군집화는 가장 거리가 먼 원소들을 군집화한다(k-평균이 하는 것과 반대). 이를 수행하는 하나의 방법은 거리의 역수에 대해서 양방향 군집화하는 것이다.

만약 특성수가 관측수를 많이 초과한다면 차원의 저주는 군집화에 문제를 일으킨다. 관측을 생성spanning하는 대부분의 공간이 빈 공간이어서 어떤 그룹을 식별하는 것도 어렵게 할 것이다. 이를 해결하는 하나의 방법은 PCA가 특성 수를 축소하는 것처럼 데이터 행렬 X를 저차원 공간에 투영project하는 것이다(Steinbah et al. 2014, Ding and He 2004). 또 하나의 해법은 근접성 행렬을 저차원 공간에 투영하고, 이를 새로운 X 행렬로 사용하는 것이

---

1 예시를 위해서는 https://quantdare.com/biclustering-time-series/를 참고하자.

다. 두 경우 모두에 있어서, 2장에서 기술한 절차는 시그널에 연관된 차원 수를 식별하는 것을 돕는다.

4.4 군집의 수

분할 알고리즘은 비중첩 군집의 구성을 발견한다. 여기서 연구자는 정확한 군집 수를 제공해야 한다. 실무적으로 연구자는 군집 수가 얼마인지 미리 알 수 없다. '엘보우 방법elbow method'은 설명되는 분산의 한계 비율이 미리 정의한 임계값을 초과하지 않을 때 군집을 더 이상 추가하지 않는 인기 있는 기법이다. 이 맥락에서 설명되는 분산의 비율percentage of variance explained이 총 분산 대비 그룹 간 분산의 비율(일종의 F 테스트)로 정의된다. 이 접근법의 한 가지 결함은 임계값이 종종 임의로 설정된다는 것이다(Goutte et al. 1999).

4.4절에서 셔플shuffle된 블록 대각 상관 행렬block-diagonal correlation로부터 군집 수를 복구하는 한 가지 알고리즘을 소개한다. 로페즈 데 프라도와 루이스 (2018)는 이 알고리즘을 ONC로 표기한다. 이유는 이 알고리즘은 최적 군집 수 optimal number of clusters를 찾기 때문이다. ONC는 실루엣 방법silhouette method을 적 용하는 더 커다란 클래스의 알고리즘에 속한다(Roussseeuw 1987). 여기서는 상관계수 행렬 내의 군집 수를 발견하는 데 전형적으로 초점을 맞추지만 이 알고리즘은 어떠한 일반적인 관측 행렬에도 적용될 수 있다.

4.4.1 관측 행렬

만약 문제가 상관계수 행렬과 관련되지 않거나 또는 이미 관측 행렬을 보 유하고 있다면 4.4.1절을 생략해도 좋다.[2] 아니면 상관계수 행렬 ρ에 의해

---

[2] 이상적으로 말하면 관측 행렬은 3장에서 설명한 정보 이론적 척도 중 하나를 기반으로 할 것이다. 그러나 금융에서는 상관계수를 많이 사용한다. ONC는 관측 행렬이 어떻게 형성되는가에 무관하므로 4.4.1절의 목적 은 상관계수를 사용하는 것이 편한 독자에게 관측 행렬을 계산하는 다른 한 가지 방법을 설명하는 것이다.

특징지워지는 다변수 정규 분포를 따르는 N개의 변수를 갖고 있다고 가정하자. 여기서 $\rho_{i,j}$는 변수 i와 j 간의 상관계수다. 만약 강한 공통 원소가 존재하면 2장에서 설명한 주음 제거 방법을 적용함으로써 이를 제거하는 것을 권장한다. 왜냐하면 모든 변수에 의해 공유하는 요인 노출은 부분적으로 공유하는 노출의 존재를 감출 수 있기 때문이다.

상관관계 군집화의 목적을 위해서 적어도 다음 3개의 접근법을 따른다.

(a) 거리 행렬을 $d_{i,j} = \sqrt{\frac{1}{2}\left(1 - \rho_{i,j}\right)}$ 또는 유사한 변환으로 직접 정의함으로써 X 행렬을 우회할 수 있다(3장 참고).

(b) 상관관계 행렬을 X로 사용한다.

(c) X 행렬을 $X_{i,j} = \sqrt{\frac{1}{2}\left(1 - \rho_{i,j}\right)}$ 또는 유사한 변환(거리 접근법의 거리)으로 도출한다.

대안 (b)와 (c)의 이점은 두 변수 간의 거리는 단 하나가 아닌 다중 상관관계 추정치의 함수가 될 것이다. 이는 분석을 특이치의 존재에 더욱 강건하게 만든다. 대안 (c)의 이점은 $\rho_{i,j} = 0.9$에서 $\rho_{i,j} = 1.0$으로의 변화가 $\rho_{i,j} = 0.1$에서 $\rho_{i,j} = 0.2$로의 변화보다 더 크다는 것을 인정하는 것이다. 4.4.1절에서는 (c) 접근법을 따르며, 관측 행렬을 $X_{i,j} = \sqrt{\frac{1}{2}\left(1 - \rho_{i,j}\right)}$로 정의한다.

상관관계 행렬의 군집화는 특성이 관측과 일치한다는 점에서 특별하다. 관측 그 자체가 특성(따라서 X의 대칭성)인 관측들을 그룹화하고자 한다. 행렬 X는 거리 행렬같이 보이지만, 그렇지 않다. 그러나 여전히 거리가 평가될 수 있는 관측 행렬이다.

PCA를 통해 대형 행렬 X를 차원 축소하는 것은 일반적으로 좋은 관행이다. 아이디어는 X를 더 저차원 공간에의 표준화된 직교 투영으로 대체하는 것이다. 여기서 차원수는 λ^+를 초과하는 X의 상관관계 행렬 고유값의 수에 의해 주어진다(2장 참고). 결과되는 크기 $N \mathrm{x} F$의 관측 행렬 $\tilde{X}$은 높은 신호 대 잡음 비율을 가진다.

4.4.2 기본 군집화

이번 단계에서 척도 공간에서의 관측을 표현하는 행렬을 갖고 있다고 가정한다. 이 행렬은 4.4.1절에서 기술된 바와 같은 방식 또는 다른 방법을 적용해 계산됐다고 가정한다. 예를 들어, 이 행렬은 3장에서 설명한 랜덤 변수 간의 정보 변분을 기반으로 할 수 있다. 다음 기본 군집화 알고리즘을 논의하자. 한 가지 가능성은 관측 행렬에 대해 k-평균 알고리즘을 사용하는 것이다.[3] k-평균이 단순하고 많은 경우 유효한 반면, 2개의 눈에 띄는 제약을 가진다. 첫째, 알고리즘은 사용자 설정의 군집 수 K를 요구하는데 이것이 선험적으로 반드시 최적이라는 보장은 없다. 둘째, 초기화가 랜덤이어서 알고리즘의 결과가 유사하게 랜덤일 수 있다.

이러한 두 우려를 해결하고자 k-평균 알고리즘을 수정해야 한다. 첫째 수정은 '최적 K'를 발견할 수 있도록 목적 함수를 도입하는 것이다. 이를 위해 루시우(Rousseeuw 1987)에 의해 도입된 실루엣 점수를 취한다. 주어진 원소 i와 주어진 군집화에 대해 실루엣 계수 S_i는 다음과 같이 정의되는 것을 상기하자.

$$S_i = \frac{b_i - a_i}{\max\{a_i, b_i\}}; i = 1, \ldots, N$$

여기서 a_i는 동일한 군집 내의 i와 다른 모든 원소와의 평균 거리이고, b_i는 i와 i가 그 구성원이 아닌 최근접 군집 내의 모든 원소와의 평균 거리다. 실제로 이는 군집 내 거리와 군집 간 거리를 비교하는 척도다. 값 $S_i = 1$은 원소 i가 잘 군집화됐다는 의미이며, $S_i = -1$은 i가 잘 군집화되지 못했다는 것을 의미한다. 주어진 분할에 대해 군집화 품질의 척도 q는 다음과 같이 정의된다.

---

3 다른 가능성은 분할의 질을 최대화하는 덴드로그램(dendrogram)의 거리에서 기본 군집화가 일어나는 계층적 알고리즘을 사용하는 것이다. 예를 위해 https://ssrn.com/abstract=3512998을 참고하자.

$$q = \frac{\mathrm{E}[\{S_i\}]}{\sqrt{\mathrm{V}[\{S_i\}]}},$$

여기서 $\mathrm{E}[\{S_i\}]$는 실루엣 계수의 평균이고, $\mathrm{V}[\{S_i\}]$는 실루엣 계수의 분산이다. 두 번째 수정은 k-평균의 초기화 문제를 다룬다. 기본 수준에서 군집화 알고리즘은 다음 연산을 수행한다. 첫째, 관측 행렬을 평가한다. 둘째, 이중 for loop를 수행한다. 첫 번째 루프에서 하나의 주어진 초기화에 대해 k-평균을 통해 군집화할 상이한 $k = 2,...,N$을 시도하고, 각 군집화에 대해 품질 q를 평가한다. 두 번째 루프는 첫 번째 루프를 여러 번 반복하고, 그에 따라 상이한 초기화를 시도한다. 셋째, 이들 두 루프에 대해 가장 높은 q를 가진 군집화를 선택한다. 코드 4.1은 이 절차를 구현하고, 그림 4.1은 작업 흐름을 요약한다.

코드 4.1 기본 군집화

```python
import numpy as np, pandas as pd
from sklearn.cluster import KMeans
from sklearn.metrics import silhouette_samples
#-------------------------------------------------
def clusterKMeansBase(corr0, maxNumClusters=10, n_init=10):
  x,silh=((1-corr0.fillna(0))/2.)**.5,pd.Series() # 관측 행렬
  for init in range(n_init):
    for i in xrange(2,maxNumClusters+1):
      kmeans_=KMeans(n_clusters=i,n_jobs=1,n_init=1)
      kmeans_=kmeans_.fit(x)
      silh_=silhouette_samples(x,kmeans_.labels_)
      stat=(silh_.mean()/silh_.std(),silh.mean()/silh.std())
      if np.isnan(stat[1]) or stat[0]>stat[1]:
        silh,kmeans=silh_,kmeans_
  newIdx=np.argsort(kmeans.labels_)
  corr1=corr0.iloc[newIdx] # 행의 순서를 재정렬

  corr1=corr1.iloc[:,newIdx] # 열의 순서를 재정렬
  clstrs={i:corr0.columns[np.where(kmeans.labels_==i)[0]].tolist()\
    for i in np.unique(kmeans.labels_)} # 군집 구성원
```

```
silh=pd.Series(silh,index=x.index)
return corr1, clstrs, silh
```

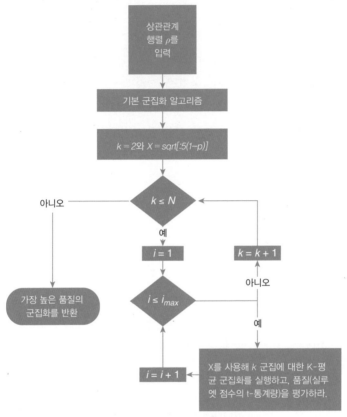

그림 4.1 ONC의 기본 군집화 단계의 구조

4.4.3 상위 수준 군집화

k-평균에 대한 세 번째 수정은 품질의 일관성이 없는 군집을 다룬다. 기본 군집화는 거리가 더 먼 군집들을 포착하지만, 덜 뚜렷한 것들을 놓친다. 이 문제를 다루고자 기본 군집화 알고리즘으로부터 군집화 품질 점수가 주어졌을 때 각 군집 $k = 1,...,K$의 품질 q_k를 평가한다. 그다음 평균 품질 $\bar{q}$를 취해 평균보다 낮은 품질의 군집 집합 $\{q_k|q_k < \bar{q},\ k = 1,...,K\}$을 발견한다.

K_1, $K_1 < K$을 그 집합의 군집 수라고 표기하자. 만약 반환할 군집 수가 $K_1 \leq 1$라면 기본 알고리즘에 의해 주어진 알고리즘을 반환한다. 그러나 만약 $K_1 \geq 2$라면 K_1개의 군집 내의 원소들에 대해 군집화를 다시 실행한다. 반면 나머지 원소들은 수용될 수 있도록 군집화가 된 것으로 간주한다.

K_1 군집을 구성하는 원소들로부터 (축소된) 새로운 관측 행렬을 형성하고, 이 축소된 상관관계 행렬에 대한 기본 군집화 알고리즘을 다시 실행한다. 이렇게 하면 이들 K_1 군집의 원소들에 대해 (아마도) 새로운 군집화를 반환할 것이다. 그 효율성을 검사하고자 K_1의 원소들을 재군집화하기 전과 후의 평균 군집 품질을 비교한다. 만약 평균 군집 품질이 개선되면 새로 실행한 노드에 대한 새로운 군집화와 기본 군집화로부터 수용된 군집화를 병합해 돌려준다. 코드 4.2은 파이썬으로 이 연산을 구현하고, 그림 4.2는 작업 흐름을 요약한다.

코드 4.2 상위 수준의 군집화

```python
from sklearn.metrics import silhouette_samples
#-----------------------------------------
def makeNewOutputs(corr0,clstrs,clstrs2):
  clstrsNew={}
  for i in clstrs.keys():
    clstrsNew[len(clstrsNew.keys())]=list(clstrs[i])
  for i inclstrs2.keys():
    clstrsNew[len(clstrsNew.keys())]=list(clstrs2[i])
  newIdx=[j for i in clstrsNew for j in clstrsNew[i]]
  corrNew=corr0.loc[newIdx,newIdx]
  x=((1-corr0.fillna(0))/2.)**.5
  kmeans_labels=np.zeros(len(x.columns))
  for i in clstrsNew.keys():
    idxs =[x.index.get_loc(k) for k in clstrsNew[i]]
    kmeans_labels[idxs]=i
  silhNew=pd.Series(silhouette_samples(x,kmeans_labels), index=x.index)
  return corrNew, clstrsNew, silhNew
#-----------------------------------------
def clusterKMeansTop(corr0,maxNumClusters=None,n_init=10):
```

```
if maxNumClusters==None:maxNumClusters=corr0.shape[1]-1
corr1,clstrs,silh=clusterKMeansBase(corr0,maxNumClusters=\
  min(maxNumClusters,corr0.shape[1]-1), n_init=n_init)
clusterTstats={i:np.mean(silh[clstrs[i]])/ \
  np.std(silh[clstrs[i]]) foriinclstrs.keys()}
tStatMean=sum(clusterTstats.values())/len(clusterTstats)
redoClusters=[i for i in clusterTstats.keys() if \
  clusterTstats[i]<tStatMean]
if len(redoClusters)<=1:
  return corr1, clstrs, silh
else:
  keysRedo=[j for i in redoClusters for j in clstrs[i]]
  corrTmp=corr0.loc[keysRedo,keysRedo]
  tStatMean=np.mean([clusterTstats[i] for i in redoClusters])
  corr2, clstrs2, silh2=clusterKMeansTop(corrTmp,\
    maxNumClusters=min(maxNumClusters,\
    corrTmp.shape[1]-1),n_init=n_init)
  # 필요하면 새로운 출력을 만들어라.
  corrNew,clstrsNew,silhNew=makeNewOutputs(corr0,\
    {i:clstrs[i] for i in clstrs.keys() if i not in redoClusters},\
    clstrs2)
  newTstatMean=np.mean([np.mean(silhNew[clstrsNew[i]])/\
    np.std(silhNew[clstrsNew[i]]) for i in clstrsNew.keys()])
  if newTstatMean<=tStatMean:
    return corr1, clstrs, silh
  else:
    return corrNew, clstrsNew, silhNew
```

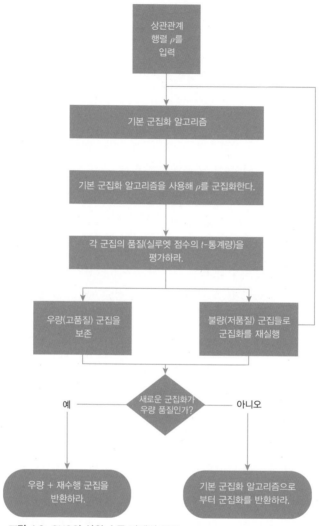

그림 4.2 ONC의 상위 수준 단계의 구조. 출처: 로페즈 데 프라도와 루이스(2018)

4.5 실험 결과

이제 몬테카를로 실험을 설계해 이전에 도입했던 ONC 알고리즘의 정확도를 증명하고자 한다. 첫째, 미리 정한 블록수 K를 가진 랜덤 추출로부터 NxN

상관관계 행렬 ρ를 만든다. 여기서 블록 내 상관관계는 높고 블록 간 상관관계는 낮다. 둘째, 상관관계 행렬을 셔플한다. 셋째, ONC를 적용하고, ONC 알고리즘이 투입된 블록을 복구하는 것을 증명한다.[4]

4.5.1 랜덤 블록 상관관계 행렬 생성

튜플 (N, M, K)가 주어졌을 때 각각의 크기가 M 이상인 K 블록으로 구성된 크기 NxN의 랜덤 블록 상관관계 행렬을 만들고자 한다. N 아이템을 K개의 분리된 그룹으로 랜덤하게 분할하는 절차를 설명할 것이다. 이는 $N' = N - K(M-1)$ 아이템을 각 크기가 적어도 1인 K개의 그룹으로 랜덤하게 분할하는 것과 같으므로, 분석을 그런 식으로 간결화한다. 집합 $A = (1,...,N' - 1)$로부터 집합 B로 표기되는 $K - 1$개의 서로 다른 아이템을 랜덤하게 선택하는 것을 고려하고, 그다음 집합 B의 크기가 K개가 되도록 B에 N'를 더하자. 그러면 B는 $i_1,...,i_K$를 포함하게 되는데 여기서 $1 \le i_1 < i_2 < ... < i_K = N'$이다. B가 주어졌을 때 K개의 분할 집합 $C_1 = 0,...,i_1 - 1$; $C_2 = i_1,...,i_2 - 1;...;C_K = i_{K-1},...,i_K - 1$을 고려하자. i_j가 다르다고 할 때 각 분할은 적어도 한 원소를 바람직한 것으로 포함하고, 더 나아가 집합 $(0,...,N' - 1)$을 완전히 분할한다. 이렇게 하면 각 집합 C_j는 $j = 1,...,K$에 대해 $i_j - i_{j-1}$개의 원소를 포함한다. 여기서 $i_0 = 0$으로 설정한다. 다시 각 블록에 $M - 1$ 원소를 더함으로써 일반화할 수 있다.

각 블록 $k = 1,...,K$이 크기 $x_k \times x_k$를 가진다고 하면 $x_1 + ... + x_K = N \ge MK$을 의미한다. 여기서 $x_k \ge M$이다. 첫째, 각 블록 k에 대해 독립 동일 분포[IID, Independent and Identically Distributed]의 표준 가우시안 분포로부터 추출한 길이 T의 시계열을 만들어, 크기 (T, x_k)의 행렬 X의 각 열에 이를 복제한다. 둘째, 각 $X_{i,j}$에 표준 편차 $\sigma > 0$의 랜덤 가우시안 잡음을 더한다. 설계상 X의 열은 작은 σ에 대해 상관관계가 높고, 큰 σ에 대해 상관관계가 낮을 것이다.

---

4 이 실험을 수행하는 데 도움을 준 마이클 J 루이스(Michael J. Lewis)에게 감사한다.

셋째, X의 열에 대해 공분산 행렬 Σ_X를 평가하고, Σ에 블록 Σ_X을 더한다. 넷째, Σ에 하나의 블록을 갖지만 σ이 더 큰 다른 공분산 행렬을 더한다. 마지막으로 Σ에 연관된 상관계수 행렬 ρ를 도출한다.

구성상 ρ는 각 블록 안에 높은 상관관계를 가진 K블록을 갖고, 블록 간에는 낮은 상관관계를 갖는다. 그림 4.3은 이런 방식으로 구축된 상관관계 행렬의 예다. 코드 4.3은 파이썬으로 이 연산을 구현한다.

코드 4.3 랜덤 블록 상관관계 행렬 생성

```
import numpy as np, pandas as pd
from scipy.linalg import block_diag
from sklearn.utils import check_random_state
#---------------------------------------------------
def getCovSub(nObs,nCols,sigma,random_state=None):
    # 서브 상관관계 행렬
    rng=check_random_state(random_state)
    if nCols==1:returnnp.ones((1,1))
    ar0=rng.normal(size=(nObs,1))
    ar0=np.repeat(ar0,nCols,axis=1)
    ar0+=rng.normal(scale=sigma,size=ar0.shape)
    ar0=np.cov(ar0,rowvar=False)
    returnar0
#---------------------------------------------------
def getRndBlockCov(nCols,nBlocks,minBlockSize=1,sigma=1.,
    random_state=None):
    # 블록 랜덤 공분산 행렬을 생성
    rng=check_random_state(random_state)
    parts=rng.choice(range(1,nCols-(minBlockSize-1)*nBlocks),\
        nBlocks-1,replace=False) parts.sort()
    parts=np.append(parts,nCols-(minBlockSize-1)*nBlocks)
    parts=np.append(parts[0],np.diff(parts))-1+minBlockSize
    cov=None
    for nCols_inparts:
        cov_=getCovSub(int(max(nCols_*(nCols_+1)/2.,100)),\
            nCols_,sigma,random_state=rng)
        if covisNone:cov=cov_.copy()
```

```
    else:cov=block_diag(cov,cov_)
  return cov
#------------------------------------------------
def randomBlockCorr(nCols,nBlocks,random_state=None, minBlockSize=1):
  # 블록 상관계수 행렬 형성
  rng=check_random_state(random_state)

  cov0=getRndBlockCov(nCols,nBlocks,
    minBlockSize=minBlockSize,sigma=.5,random_state=rng)
  cov1=getRndBlockCov(nCols,1,minBlockSize=minBlockSize,
                      sigma=1.,random_state=rng) # 잡음을 추가한다.
  cov0+=cov1
  corr0=cov2corr(cov0)
  corr0=pd.DataFrame(corr0)
  return corr0
```

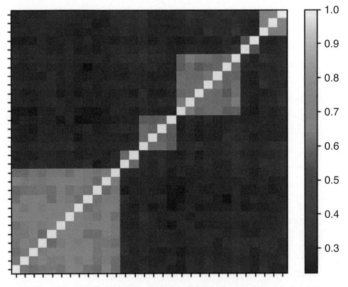

그림 4.3 셔플 이전의 랜덤 블록 상관계수 행렬의 예. 출처: 로페즈 데 프라도와 루이스(2018)

4.5.2 군집의 수

위에서 소개한 절차를 사용해 적어도 M 크기의 K 블록을 가진 NxN 상관
관계 행렬을 만든다. 각 상관관계 행렬의 행과 열을 셔플해 블록들이 더 이
상 동일하지 않도록 한다. 그다음 이들 블록의 수와 구성을 복원하는 ONC
알고리즘의 유효성을 테스트한다. 시뮬레이션을 위해 N = 20, 40, 80, 160
을 선택했다. 군집들이 적어도 2개의 객체로 구성될 것을 기대하므로
K = 3, 6, ..., N/2까지 테스트한다. 마지막으로, 이들 파라미터셋의 각각
에 대해 1,000개의 랜덤 생성을 테스트한다.

그림 4.4는 이들 시뮬레이션에 대해 다양한 박스플롯boxplot을 보인다. 특히
주어진 버킷bucket 내의 K/N에 대해 군집화에 의해 예측된 K($E[K]$로 표기)의
테스트의 실제 K에 대한 비율을 보인다. 이상적으로 이 비율은 1에 가까워
야 한다. 결과는 ONC가 약간의 작은 오차를 갖지만 대부분 정확한 수의
군집을 복구하는 것을 보여 준다.

박스플롯 내에 중앙 박스는 바닥이 데이터의 25%(Q1)으로 설정돼 있고, 꼭
대기가 75%(Q3)로 설정돼 있는 것을 상기하라. 사분위수 간의 범위IQR,
Interquartile Range는 Q3~Q1로 설정된다. 중위값median은 박스 안의 선으로 표
시된다. '수염whisker'은 Q3 + 1.5IQR보다 작은 것 중 가장 큰 데이터와
Q1 − 1.5IQR보다 큰 것 중 가장 작은 데이터까지 이어진다.

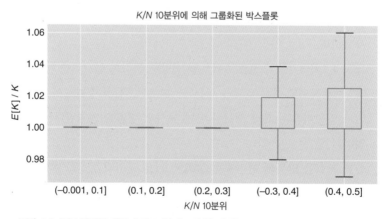

그림 4.4 K/N 버킷에 대한 추정 K/실제 K의 박스플롯. 출처: 로페즈 데 프라도와 루이스(2018)

4.6 결론

4장에서는 분할 알고리즘에 의한 군집의 최적 구성과 개수를 결정하는 문제를 연구했다. k-평균 알고리즘에 대한 세 가지 수정을 가했다. (1) 군집의 품질을 측정하는 목적 함수를 정의했다. (2) 대안 시드^{seed}를 가진 알고리즘을 재실행해 k-평균의 초기화 문제를 해결했다. (3) 상위 수준 군집화는 평균 이하 품질을 보이는 군집들 사이에서 더 나은 분할을 찾는다. 실험결과는 알고리즘이 블록-대각 행렬에 투입된 군집의 수와 구성을 효과적으로 복구한다는 것을 보여 준다.

제안된 해법을 랜덤 상관 행렬에 적용했지만, 이 방법은 다른 종류의 행렬에도 적용할 수 있을 것이다. 알고리즘의 시작점은 관측 행렬이며, 이는 상관관계 기반 척도, 정보 변분 또는 어떤 다른 함수로도 정의할 수 있다.

4.7 연습문제

1. 계층적과 분할 군집화 알고리즘의 출력 간 주요 차이점은 무엇인가? 왜 후자의 출력은 전자의 출력으로 변환할 수 없는가?
2. MSCI의 GICS 분류 시스템은 계층적 또는 분할 클러스터링의 예인가? 상관 행렬에 대한 적절한 알고리즘을 사용해 MSCI 분류를 복제해 보라. 군집화 출력을 MSCI와 비교하고자 3장에 소개된 군집 간 거리를 사용하라.
3. 코드 4.1와 4.2를 수정해 스펙트럼 양방향 군집화 알고리즘으로 작업하라. 근본적으로 다른 결과를 얻는가? 힌트: 근접성 행렬로서 양방향 군집화 알고리즘은 거리 행렬이 아닌 유사도 행렬을 기대한다는 것을 기억하라.
4. 실험 분석을 반복해 이번에는 ONC의 기본 알고리즘으로 '엘보우 방법'을 사용해 군집 수를 선택한다. 실제 군집 수를 일관되게 복구하는가? 그 이유는?

5. 2장에서는 블록-대각선 상관 행렬을 구축하는 다른 방법을 사용했다. 그 방법에서는 모든 블록의 크기가 동일했다. 이와 같이 정규화된 블록 대각선 상관 행렬에 대해 실험 분석을 반복한다. 당신은 더 나은 결과를 얻는가 아니면 더 나쁜 결과를 얻는가? 그 이유는?

05
금융 레이블

5.1 동기 부여

4장에서는 특성 데이터셋(X 행렬) 내에서 유사도를 검색하는 기법인 군집화[clustering]를 논의했다. 군집화는 알고리즘이 예제[1]를 통해 학습하지 않는다는 점에서 비지도학습 방법이다. 대조적으로 지도학습 알고리즘은 예제(y 배열)의 도움을 받아 작업을 해결한다. 지도학습 문제에는 회귀와 분류라는 두 가지 유형이 있다. 회귀 문제에서 예제는 무한 모집단에서 추출되며, 이는 셈이 가능한(정수 같은) 것일 수도 있고, 또는 셀 수 없는(실수값 같은) 것일 수도 있다. 분류 문제에서 예제는 유한한 레이블셋(범주형 또는 순서형)에서 추출된다. 값들 간에 본질적인 순서가 없는 경우 레이블은 남성 대 여성처럼 범주형 변수의 관측값을 나타낸다. 값들 간에 본질적인 순서가 있는 경우 레이블은 신용 등급과 같이 순서형 변수의 관측값을 나타낸다. 실수 변수는 범주형 또는 순서형 레이블로 이산화될 수 있다.

레이블은 알고리즘이 학습할 작업을 결정하기 때문에 연구자들은 레이블을 어떻게 정의하는지 매우 신중하게 생각해야 한다. 예를 들어, 우리는 오

---

1 정답(레이블)으로 생각하면 된다. – 옮긴이

늘의 주식 XYZ 수익률의 부호를 예측하는 알고리즘을 훈련할 수도 있고, 아니면 그 주식의 다음 5%의 움직임(가변적인 일수에 걸친 런)이 양인지 여부일 수도 있다. 첫 번째 레이블은 점 예측과 관련되지만, 두 번째 레이블은 경로 의존적 이벤트와 관련되기 때문에 두 작업을 해결하는 데 필요한 특성은 매우 다를 수 있다. 예를 들어, 주식의 일일 수익률의 부호는 예측할 수 없는 반면, (시간에 조건 없는) 주식의 활황^{rally} 확률은 평가할 수 있을 것이다. 일부 특성들이 특정 주식에 대한 한 가지 유형의 레이블을 예측하지 못한다는 것이 그 특성들이 동일한 주식에 대한 모든 유형의 레이블을 예측하지 못한다는 것을 의미하지는 않는다. 투자자들은 전형적으로 어떤 식으로든 돈을 버는 것을 개의치 않기 때문에 레이블을 정의하는 여러 가지 방법들을 시도해 볼 가치가 있다. 5장에서는 네 가지 중요한 레이블링 전략을 논의한다.

5.2 고정-기간 방법

사실상 금융 머신러닝의 모든 학술 연구는 고정-기간 레이블링 방법을 사용한다(참고문헌 목록 참고). 인덱스 $t = 1, \ldots, T$인 일련의 바^{bar}에서 샘플링한 I 행의 특성 행렬 X, $\{X_i\}_{i=1, \ldots, I}$를 고려하자. 여기서 $I \leq T$이다. 기간 h에 대한 가격 수익률을 다음과 같이 계산한다.

$$r_{t_{i,0}, t_{i,1}} = \frac{p_{t_{i,1}}}{p_{t_{i,0}}} - 1$$

여기서 $t_{i,0}$은 i번째 관측 특성과 연관된 바의 인덱스이고, $t_{i,1} = t_{i,0} + h$는 고정 기간 h가 경과한 후의 바 인덱스다. 이 방법은 다음과 같이 레이블 $y_i = \{-1, 0, 1\}$을 관측값 X_i에 할당한다.

$$y_i = \begin{cases} -1 & \text{만약 } r_{t_{i,0}, t_{i,1}} < -\tau, \\ 0 & \text{만약 } |r_{t_{i,0}, t_{i,1}}| \leq \tau, \\ 1 & \text{만약 } r_{t_{i,0}, t_{i,1}} > \tau. \end{cases}$$

여기서 τ은 미리 정의된 상수 임계값이다. 바가 정기적인 시간별 빈도로 샘플링되는 경우 시간 바로 알려져 있다. 시간 바는 또한 금융 문헌에서도 매우 인기가 있다. 고정 시간 레이블링과 시간 바를 결합하면 고정 시간 수평 기간이 나온다. 그 인기에도 불구하고 이 방법을 피하는 데는 몇 가지 이유가 있다. 첫째, 시간 바에서 계산된 수익률은 일중 주기적 활동 패턴으로 인해 상당한 이분산성을 나타낸다. 이분산적 수익률 $\{r_{t_{i,0},t_{i,1}}\}_{i=1,...,I}$에 연관해 상수 임계값 τ을 적용하면 이 주기성은 레이블로 전이될 것이고, 이에 따라 레이블의 분포는 정상성을 갖지 않게 될 것이다. 예를 들어, 시가 또는 종가에서 0 레이블을 얻는 것은 정오 무렵이나 밤에 0 레이블을 얻는 것보다 (예상하지 못했다는 의미에서) 더 정보력이 크다. 한 가지 해결책은 고정-수평 기간법을 틱, 거래량 또는 달러 바에 적용하는 것이다(Lopez de Prado 2018a). 또 다른 해결책은 바 구간 $[t_{i,0}, t_{i,1}]$에 걸친 예상 변동성을 조정해 표준화한 수익률 $z_{t_{i,0},t_{i,1}}$에 기초해 레이블을 표시하는 것이다.

$$y_i = \begin{cases} -1 & \text{만약} \quad z_{t_{i,0},t_{i,1}} < -\tau, \\ 0 & \text{만약} \quad |z_{t_{i,0},t_{i,1}}| \leq \tau, \\ 1 & \text{만약} \quad z_{t_{i,0},t_{i,1}} > \tau. \end{cases}$$

고정 수평 기간 방법의 두 번째 우려는 중간 수익률에 관한 모든 정보를 $[t_{i,0}, t_{i,1}]$ 구간 내에서 무시하는 것이다. 이는 일반적으로 이익 실현profit taking과 손절stop loss 수준에 따라 포지션을 관리하기 때문에 문제가 있다. 특히 손절의 경우 그 수준을 포트폴리오 매니저가 자체적으로 부과하거나 위험 부서에서 시행할 수 있다. 따라서 고정 수평 기간 레이블은 실제 투자의 결과를 대표하지 못할 수 있다. 고정 수평 기간 방식의 세 번째 우려는 투자자가 수익률이 정확한 시점 $t_{i,0} + h$에서 임계값 τ를 초과할지 예측하는 데 거의 관심이 없다는 것이다. 최대 수평 기간 h 내에서 임계값 τ을 초과하는 다음 절대 수익률의 방향을 예측하는 것이 더 실용적일 것이다. 다음의 방법은 이 세 가지 우려 사항을 다룬다.

5.3 삼중 배리어 방법

금융 응용에서 좀 더 현실적인 방법은 포지션의 성패를 나타내는 레이블을 만드는 것이다. 포트폴리오 매니저가 채택하는 통상적인 거래 규칙은 (1) 미실현 이익 목표가 달성되면 그 포지션이 성공으로 마감되며, (2) 미실현 손실 한계에 도달하면 실패로 종결되며, (3) 최대 수의 바까지 그 포지션이 보유되면 그 포지션이 실패도 성공도 없이 청산된다는 것이다. 포지션 성과의 시간 그래프에서 처음 두 조건은 2개의 수평 배리어를 정의하고, 세 번째 조건은 수직 배리어를 정의한다. 처음으로 접촉된 배리어와 관련된 바의 인덱스는 $t_{i,1}$로 기록된다. 이익이 나는 배리어를 먼저 건드리면 관측 결과를 $y_i = 1$로 표시한다. 손절 배리어가 먼저 닿으면 관측값을 $y_i = -1$로 표시한다. 수직 배리어가 먼저 닿았을 때 우리는 두 가지 옵션을 갖고 있다. 그것을 $y_i = 0$으로 표시하거나 $y_i = \text{sgn}[r_{t_{i,0},t_{i,1}}]$으로 표시할 수 있다. 파이썬에서 삼중 배리어 방법^{triple-barrier method}을 구현하는 코드는 로페즈 데 프라도(2018a)를 참고하라.

이익 실현과 손절 배리어를 설정하려면 i번째 관측과 관련된 포지션 방향에 대한 지식이 필요하다. 포지션 방향을 알 수 없을 때 여전히 수평 배리어를 바의 구간 $[t_{i,0}, t_{i,0} + h]$에 걸친 예측 변동성의 함수로 설정할 수 있다. 여기서 h는 수직 배리어가 접촉될 때까지의 바 수다. 이 경우에 배리어는 대칭적일 것이다. 왜냐하면 방향 정보 없이는 어떤 배리어가 이익을 의미하고 어떤 배리어가 손실을 의미하는지 알 수 없기 때문이다.

고정-수평 기간 방식에 비한 삼중 배리어 방식의 주요 장점은 후자가 바구간 $[t_{i,0}, t_{i,0} + h]$들에 걸친 경로에 대한 정보를 통합한다는 점이다. 실무적으로 투자 기회의 최대 보유 기간은 자연스럽게 정의할 수 있으며, h의 값은 주관적이지 않다. 한 가지 단점은 배리어에 접촉되는 것이 이산적 사건이라는 것인데 이것은 작은 마진으로 발생할 수도 있고, 그렇지 않을 수도 있다. 이 단점은 다음과 같은 방법으로 다뤄진다.

5.4 추세 검색 방법

5.4절에서는 h나 이익 실현 또는 손절 배리어를 정의할 필요가 없는 새로운 레이블링 방법을 도입한다. 일반적인 아이디어는 추세를 파악해 배리어를 세우지 않고 지속할 수 있는 한 오래 그리고 멀리 가도록 하는 것이다.[2] 이를 달성하기 위해서는 먼저 무엇이 추세를 구성하는지 정의해야 한다.

일련의 관측 $\{x_t\}_{t=1,\dots,T}$, 여기서 x_t는 우리가 예측하고자 하는 증권의 가격을 나타낸다. x_t가 하강 추세, 보합 또는 상승 추세의 일부인지 여부에 따라 x_t의 모든 관측값에 $y_t \in \{-1, 0, 1\}$ 레이블을 할당하고자 한다. 한 가지 가능한 방법은 선형 시간 추세 모델에서 추정된 회귀 계수($\hat{t}_{\hat{\beta}_1}$)와 관련된 t-값($\hat{t}_{\hat{\beta}_1}$)을 계산하는 것이다.

$$x_{t+l} = \beta_0 + \beta_1 l + \varepsilon_{t+l}$$

$$\hat{t}_{\hat{\beta}_1} = \frac{\hat{\beta}_1}{\hat{\sigma}_{\hat{\beta}_1}}$$

여기서 $\hat{\sigma}_{\hat{\beta}_1}$은 $\hat{\beta}_1$의 표준 오차로서 $l = 0,\dots,L-1$, L은 예측look-forward 기간을 설정한다. 코드 5.1은 L에 의해 결정된 샘플에서 이 t-값을 계산한다.

코드 5.1 선형 추세의 t값

```
import statsmodels.api as sm1
#------------------------------------------------
def tValLinR(close):
  # 선형 추세로부터의 t값
  x=np.ones((close.shape[0],2))
  x[:,1]=np.arange(close.shape[0])
  ols=sm1.OLS(close,x).fit()
  return ols.tvalues[1]
```

---

2 추세 검색(trend-scanning) 아이디어는 저자의 동료 리 콘(Lee Cohn), 마이클 로크(Michael Lock)와 예시용 정(Yaxiong Zeng)과의 공동 작업의 결실이다.

L의 값이 다르면 t값이 달라진다. 이 비결정성을 해결하고자 L에 대해 여러 값 집합을 시도해 보고, $|\hat{t}_{\beta_1}|$을 최대화하는 L의 값을 선택할 수 있다. 이러한 방식으로, 여러 가능한 미래 전망 기간 중 미래에 관측되는 가장 통계적으로 유의한 추세에 따라 x_t 레이블을 붙인다. 코드 5.2는 파이썬에서 이 절차를 구현한다. 인수는 우리가 레이블을 붙이기 원하는 관측값의 지수인 분자^{molecule}, $\{x_t\}$의 시계열인 종가^{close}, 알고리즘이 최대 절대 t값을 찾고자 평가할 L의 값 집합인 스팬^{span}이다. 출력은 인덱스가 x_t의 타임스탬프인 데이터 프레임이고, 열 t1은 가장 유의한 추세를 찾는 데 사용되는 가장 먼 관측값의 타임스탬프를 나타내며, 열 tVal은 평가된 전망 기간 집합 중 가장 유의한 선형 추세와 연관된 t값을 나타내며, 열 빈^{bin}은 레이블(y_t)이다.

코드 5.2 추세 검색 방법의 구현

```
def getBinsFromTrend(molecule,close,span):
    '''
    선형 추세의 t값의 부호로부터 레이블을 도출한다.
    출력은 다음을 포함한다.
    - t1: 식별한 추세에 대한 종료 시점
    - tVal: 추정된 추세 계수와 연관된 t값
    - bin: 추세의 부호
    '''
    out=pd.DataFrame(index=molecule,columns=['t1','tVal','bin'])
    hrzns=xrange(*span)
    for dt0 in molecule:
        df0=pd.Series()
        iloc0=close.index.get_loc(dt0)
        if iloc0+max(hrzns)>close.shape[0]:continue
        for hrzn in hrzns:
            dt1=close.index[iloc0+hrzn-1]
            df1=close.loc[dt0:dt1]
            df0.loc[dt1]=tValLinR(df1.values)
        dt1=df0.replace([-np.inf,np.inf,np.nan],0).abs().idxmax()
        out.loc[dt0,['t1','tVal','bin']]=df0.index[-1],df0[dt1],
            np.sign(df0[dt1]) # 레버리지를 방지
    out['t1']=pd.to_datetime(out['t1'])
```

```
out['bin']=pd.to_numeric(out['bin'],downcast='signed')
return out.dropna(subset=['bin'])
```

추세 검색 레이블은 많은 경우 직관적이며, 회귀 문제뿐만 아니라 분류에
도 사용될 수 있다. 실험 결과를 다루는 절(5.6절)에서 예를 제시한다.

5.5 메타 레이블링

금융에서 흔히 볼 수 있는 것은 특정 증권을 매수 또는 매도하고 싶은지는
알 수 있지만, 어느 정도 베팅해야 할지 확신이 덜 선다는 것이다. 포지션
의 방향을 결정하는 모델은 그 포지션의 크기를 결정하는 최선의 모델이
아닐 수 있다. 아마도 그 크기는 모델의 최근 성과의 함수가 돼야 하는 반
면, 최근 성과는 포지션의 방향을 예측하는 것과 무관하다.

좋은 베팅 크기 결정 모델을 갖는 것은 매우 중요하다. 60%의 정밀도precision
와 90%의 재현율recall을 가진 투자 전략을 고려하자. 90% 재현율은 100개
의 진정한 투자 기회 중 90개를 예측하는 전략이다. 60%의 정밀도는 100
개의 예측 기회 중 60개가 사실이라는 것을 의미한다. 이러한 전략은 만약
60개의 참 양성에 대한 베팅 크기가 작다면, 그리고 40개의 거짓 양성[3]에
대한 베팅 크기가 크다면 돈을 잃을 것이다. 투자자로서 가격에 대해서는
(합법적인) 통제를 할 수 없으며, 투자자로서 할 수 있고 반드시 해야 할 중
요한 결정은 베팅의 크기를 적절하게 정하는 것이다.

메타 레이블링meta-labeling은 투자자가 거짓 양성에 노출되는 것을 피하거나
거짓 양성을 최소한 줄이는 데 유용하다. 메타 레이블링은 더 높은 정밀도
를 얻는 대가로 약간의 재현율을 포기함으로써 이를 달성한다. 위의 예에
서 메타 레이블링 레이어를 추가하면 재현율 70%와 정밀도 70%가 발생할

---

3 양성으로 예측했는데 음성인 경우, 예를 들어 주가 상승으로 예측했는데 주가가 하락한 경우를 들 수 있다.
  - 옮긴이

수 있으므로 모델의 F1-점수(정밀도와 리콜의 조화 평균)가 개선된다. 메타 레이블링의 파이썬 구현은 로페즈 데 프라도(2018a)를 참고하라.

메타 레이블링의 목적은 손실이 '0'으로 레이블링되고 이익이 '1'로 레이블 링되는 1차 모델의 예측 결과에 대해 2차 모델을 훈련시키는 것이다. 따라 서 2차 모델은 방향을 예측하지 않는다. 대신 2차 모델은 1차 모델이 특정 예측에서 성공할지 실패할지를 예측한다(메타 예측). 그리고 나서 '1' 예측 과 관련된 확률을 사용해 다음에 설명하는 바와 같이 포지션의 크기를 조 정할 수 있다.

5.5.1 기대 샤프 비율에 의한 베팅 크기

p는 투자 기회가 이익 π를 산출할 것으로 예상되는 확률이고, $1-p$는 투자 기회가 어떤 크기 $\pi > 0$의 대칭적 보상으로 이익 $-\pi$(즉 손실)을 산출하리라 는 기대 확률이다. 투자 기회로부터의 기대 이익은 $\mu = p\pi + (1-p)$ $(-\pi) = \pi(2p - 1)$이다. 투자 기회로부터의 기대 분산은 $\sigma^2 = 4\pi^2 p(1-p)$이 다. 투자 기회에 관련된 샤프 비율은 다음과 같이 추정할 수 있다.

$$z = \frac{\mu}{\sigma} = \frac{p - \frac{1}{2}}{\sqrt{p(1-p)}}$$

여기서 $z \in (-\infty, +\infty)$이다. 투자 기회의 샤프 비율이 표준 가우시안 분포를 따른다고 가정할 때 우리는 베팅 크기를 $m = 2Z[z] - 1$로 도출할 수 있다. 여기서 $Z[.]$는 표준 가우시안 분포의 누적 분포 함수로서 $m \in [-1, 1]$은 균 등 분포를 따른다.

5.5.2 앙상블 베팅 크기

투자 기회가 수익성이 있는지 여부에 대한 이진 예측을 하는 n개의 메타 레이블링 분류기, 즉 $y_i = \{0, 1\}$, $i = 1,...,n$를 고려하자. 수익성이 있는 참 확률은 p이고, 예측 y_i는 베르누이 분포에서 추출된다. 즉 $\sum_{i=1}^{n} y_i \sim B[n, p]$

이며, 여기서 $B[n, p]$는 확률 p로 n번 시행하는 이항 분포다. 예측이 독립적이고 동일하게 분포된다고 가정하면 드모와브르-라플라스[de Moivrre-Laplace] 정리에 따라 $\sum_{i=1}^{n} y_i$의 분포는 n이 무한대로 커짐에 따라 평균 np와 분산 $np(1-p)$를 가진 가우시안 분포로 수렴한다. 따라서 $\lim_{n \to \infty} \frac{1}{n} \sum_{i=1}^{n} y_i \sim N[p, p(1-p)/n]$이며, 이는 린드버그-레비 정리[Lindeberg-Levy theorem]의 특수한 경우다.

$\hat{p}$를 n개의 메타 레이블링 분류기의 평균 예측이라고 하자. 즉 $\hat{p} = 1/n \sum_{i=1}^{n} y_i$. $\hat{p}$와 관련된 표준 편차는 $\sqrt{\hat{p}(1-\hat{p})/n}$이다. 귀무가설 $H_0 : p = 1/2$에 따라 통계량 $t = (\hat{p} - 1/2)/\sqrt{\hat{p}(1-\hat{p})}\sqrt{n}$, $t \in (-\infty, +\infty)$는 $n-1$ 자유도를 가진 t-스튜던트 분포를 따른다. 베팅 크기를 $m = 2t_{n-1}[t] - 1$로 도출할 수 있다. 여기서 $t_{n-1}[.]$는 $n-1$ 자유도를 가진 t-스튜던트 누적 분포 함수이고, $m \in [-1, 1]$은 균등 분포를 따른다.

5.6 실험 결과

5.6절에서는 추세 검색 방법을 사용해 레이블이 생성되는 법을 예시한다. 코드 5.3은 가우시안 랜덤워크를 생성하며, 이에 대해 사인[sine] 추세를 더해 변곡점들을 만든다. 이런 식으로, 추세를 결정하기 더 어렵게 하는 볼록과 오목 부분들을 만든다. 그리고 나서 getBinsFromTrend 함수를 호출해 추세 기간, t-값과 레이블을 추출한다.

코드 5.3 추세 검색 레이블링 알고리즘 테스트

```
df0=pd.Series(np.random.normal(0,.1,100)).cumsum()
df0+=np.sin(np.linspace(0,10,df0.shape[0]))
df1=getBinsFromTrend(df0.index,df0,[3,10,1])
mpl.scatter(df1.index,df0.loc[df1.index].values,
  c=df1['bin'].values, cmap='viridis')
mpl.savefig('fig 5.1.png');mpl.clf();mpl.close()
mpl.scatter(df1.index,df0.loc[df1.index].values,c=c,cmap='viridis')
```

그림 5.1는 추세를 가진 가우시안 랜덤 워크를 그린다. 여기서 색깔은 4개의 확연히 다른 추세를 구별하는데 레이블 1은 노란색으로, 레이블 −1은 보라색으로 나타난다. 이들 이진 레이블은 분류 문제에는 적절할지 몰라도 추세의 강도에 대한 정보를 누락하고 있다.

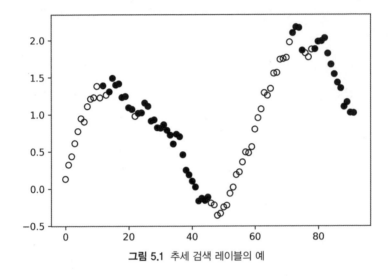

그림 5.1 추세 검색 레이블의 예

이러한 정보 누락을 교정하고자 그림 5.2는 동일한 추세를 가진 가우시안 랜덤 워크를 그리는데 색깔은 t-값의 크기를 나타낸다. 큰 양의 t-값은 노란색으로 표시되고, 큰 음의 t-값은 보라색으로 표시된다. 0에 가까운 양의 값은 초록색으로 표시되고, 0에 가까운 음의 값은 파란색으로 표시된다. 이러한 정보는 회귀 모델에 사용되거나 분류 모델에서 샘플 가중치로 사용될 수 있다.

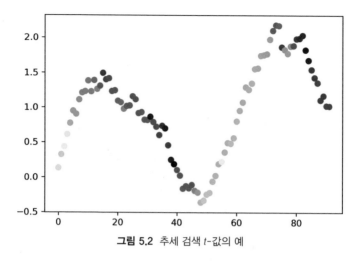

그림 5.2 추세 검색 *t*-값의 예

5.7 결론

5장에서는 금융 분야 응용에 유용할 수 있는 네 가지 대안적 레이블링 방법을 제시했다. 고정 기간 방법은 대부분의 금융 연구에서 구현되지만, 여러 가지 한계로 인해 어려움을 겪고 있다. 이러한 한계 중에서 고정 기간 레이블의 분포가 정상성을 갖지 않을 수 있고, 이러한 레이블이 경로 정보를 무시하며, 주어진 임계값을 초과하는 다음 절대 수익률의 방향을 예측하는 것이 더 실용적일 것이라는 점을 지적했다.

삼중 배리어 방법은 거래 규칙의 결과를 시뮬레이션함으로써 이러한 우려를 해결한다. 한 가지 단점은 배리어에 터치하는 것이 이산적 사건이라는 것인데 이는 얇은 마진 때문에 발생할 수도 있고, 그렇지 않을 수도 있다. 이를 해결하고자 추세 검색 방법은 관련 *p*-값과 함께 여러 전망 기간 중 가장 강한 선형 추세의 방향을 결정한다. 추세 검색 레이블링은 종종 직관적이며, 회귀 문제뿐만 아니라 분류에도 사용될 수 있다. 마지막으로 메타 레이블링 방식은 포지션의 방향은 미리 정해져 있고, 크기에만 관심이 있는 응용에서 유용하다. 적절한 크기 결정 방법은 더 높은 정밀도를 대가로 재현율의 일부를 포기함으로써 전략의 성과를 개선하는 데 도움이 될 수 있다.

5.8 연습문제

1. E-mini S&P 500 미래 시계열을 고려할 때 1분 수익률의 두 표준 편차로 설정된 고정 기간 방법을 사용해 1분 시간 바^{bar}로 레이블을 계산하라.

   (a) 레이블의 전체 분포를 계산하라.

   (b) 트레이딩 세션의 각 시간별로 일 전체에 걸친 레이블 분포를 계산하라.

   (c) (b)의 분포가 (a)의 분포와 비교해 얼마나 다른가? 그 이유는?

2. 연습 1을 반복한다. 이때 표준화된 수익률에 레이블을 붙인다(원시 수익률 대신). 여기서의 표준화는 1시간의 룩백^{lookback}에서 얻은 평균과 분산 추정치에 기초한다. 이때 연습 1과 다른 결론에 도달하는가?

3. 연습 1을 반복해서 이번에는 거래량 바^{bar}에 삼중 배리어 방법을 적용한다. 최대 보유 기간은 하루 평균 바 수이며, 수평 배리어는 바 수익률의 두 표준 편차로 설정된다. 이때의 결과는 연습 1과 2의 해답과 어떻게 비교되는가?

4. 연습 1을 반복한다. 이때 추세 검색 방법을 적용하고 최대 하루의 전망 기간을 갖는다. 이때의 결과는 연습 1, 2, 3의 해답과 어떻게 비교되는가?

5. 연습 3에서 생성된 레이블(삼중 배리어 방법)을 사용한다.

   (a) 레이블에 랜덤 포레스트 분류기를 적합화시킨다. 평균 수익률, 변동성, 왜도, 첨도 및 이동 평균의 여러 차이에 대한 추정치를 특성으로 사용하라.

   (b) 레이블 생성에 사용된 것과 동일한 규칙을 거래 규칙으로 사용해 이들 예측을 백테스트하라.

   (c) 백테스트 결과에 메타 레이블링을 적용하라.

   (d) 메타 레이블에 랜덤 포레스트를 재적합화하고 (a)에서 예측한 레이블을 특성으로 추가한다.

   (e) (d)의 예측에 따라 (a) 베팅의 크기를 정하고, 백테스트를 다시 계산한다.

06
특성 중요도 분석

6.1 동기 부여

여러분에게 각각 1,000조각씩 10개의 퍼즐이 주어진다고 상상해 보자. 그 퍼즐은 모두 같은 상자에 담겨 있다. 당신은 10개의 퍼즐 중에서 하나의 특정한 퍼즐을 풀도록 요청받는다. 이때 일을 두 단계로 나누어 진행하는 것이 합리적인 방법이다. 첫 번째 단계에서는 자신의 문제에 중요한 1,000조각을 분리하려고 하고, 무관한 9,000조각을 버릴 것이다. 예를 들어, 당신은 조각의 약 10분의 1이 플라스틱으로 만들어졌고, 나머지는 종이로 만들어졌다는 것을 알 수 있다. 조각에 나타난 패턴과 상관없이 여러분은 모든 종이 조각을 버리면 하나의 퍼즐을 분리할 수 있다는 것을 알고 있다. 두 번째 단계에서는 분리된 1,000개의 조각에 어떤 구조를 맞추려고 한다. 이제 패턴이 무엇인지 짐작하고, 그 주위로 조각들을 짜맞추려 할 것이다.

이제 동적 시스템을 다양한 후보 설명 변수의 함수로 모델링하는 데 관심이 있는 연구자를 생각해 보자. 그러한 후보 변수의 작은 부분 집합만이 관련성이 있을 것으로 예상되지만, 연구자는 어떤 변수인지 미리 알지 못한다. 일반적으로 금융 문헌에서 따르는 접근법은 추측한 대수적 함수를 추측한 부분 집합의 변수에 적합화하고, 어떤 변수가 통계적으로 유의미하게 보이는지(추측한 대수적 함수가 맞다는 전제하에 변수 간의 모든 상호작용 효과를 포함해서) 살펴보는 것이다. 이러한 접근법은 직관에 반하는 것이며, 탐험하지 않은 사양에 의해 밝혀졌을지도 모르는 중요한 변수를 놓칠 가능성이 있다. 대신에 연구원들은 퍼즐을 푸는 문제에 적용한 것과 같은 단계를 따를 수 있었다. 첫째, 중요한 변수를 함수적 형태와 무관하게 분리하고, 그 다음에야 그들 분리된 변수들을 분리된 변수들과 일치하는 특정 사양에 적합화하고자 한다. 머신러닝 기법을 사용하면 사양 검색을 변수 검색에서 분리할 수 있다.

6장에서는 머신러닝이 이론의 개발을 연구하는 연구자들에게 직관적이고 효과적인 도구를 제공한다는 것을 증명한다. 여기서의 설명은 지도학습 머신러닝 모델들이 블랙박스라는 통속적인 신화에 역행한다. 그러한 관점에 따르면 지도학습 머신러닝 알고리즘은 예측 패턴을 찾지만, 연구자들은 발견된 예측 패턴에 대한 이해도를 갖지 못한다. 즉 연구자가 아니라 알고리즘이 무언가를 배운 것이다. 이 비평은 부당하다.

지도학습 머신러닝 알고리즘이 폐쇄형 대수적 해를 산출하지 않더라도(예: 회귀 방법처럼) 예측 분석을 통해 특정 현상에 어떤 변수가 유의하게 관여하고 있는지, 어떤 변수가 중복되는지, 어떤 변수가 쓸모없는지, 관련 변수가 서로 어떻게 상호작용하는지 알 수 있다. 이러한 종류의 분석은 '특성 중요도'로 알려져 있으며, 그 위력을 활용하려면 이전 장에서 배운 모든 것을 사용해야 할 것이다.

6.2 p-값

고전적 회귀 분석 프레임워크는 올바른 모델 사양, 상호 상관없는 회귀 분석기 또는 백색 잡음 잔차 등 적합화된 모델에 관한 여러 가지 가정을 한다. 그러한 가정이 사실이라는 것을 조건으로, 연구자들은 가설 검정을 통해 설명 변수의 중요도를 결정하는 것을 목표로 한다.[1] 변수의 중요도를 표현하는 일반적인 방법은 1700년대(Brian and Jaisson 2007)로 거슬러 올라가는 개념인 p-값을 통해서다. p-값은 해당 변수와 관련된 실제 계수가 0일 때 우리가 추정했던 것과 같거나 더 극단적인 결과를 얻었을 확률을 계량화한다. 이는 데이터가 설정된 통계 모델과 얼마나 일치하지 않는지를 나타낸다. 그러나 p-값은 귀무가설이나 대립가설이 참이 아니거나 데이터가 랜덤일 확률을 측정하지 않는다. 그리고 p-값은 효과의 크기나 결과의 유의성을 측정하지 않는다.[2] p-값의 오용은 매우 광범위하게 퍼져 있어서 미국통계협회는 통계적 유의성의 척도로서 앞으로 그들의 적용을 권장하고 있지 않다(Wasserstein et al. 2019). 이것은 금융에서의 수십 년간의 실증 연구에 의문을 제기한다. p-값의 대안을 찾으려면 우선 p-값의 함정을 이해해야 한다.

6.2.1 p값의 몇 가지 결함

p-값의 첫 번째 결함은 앞에서 설명한 강력한 가정에 의존한다는 것이다. 그러한 가정들이 정확하지 않을 때 p-값 계수의 참 값이 0이더라도 p-값이 낮을 수 있고(거짓 양성), 계수의 참 값이 0이 아님에도 p-값이 높을 수 있다(거짓 음성).

p-값의 두 번째 결함은 높은 다중 공선(상호 상관) 설명 변수에 대해 p-값을 강건하게 추정할 수 없다는 것이다. 다중 공선 시스템에서 전통적인 회귀 분석 방법은 중복 설명 변수를 구별할 수 없으므로 관련 p-값 간의 대체 효과가 발생한다.

p-값의 세 번째 결함은 완전히 관련이 없는 확률을 평가한다는 것이다. 귀무가설 H_0과 추정된 계수 $\hat{\beta}$이 주어졌을 때 p-값은 H_0이 참인 경우 $\hat{\beta}$와 같

---

1 일부 유의성 테스트는 추가로 잔차가 가우시안 분포를 따를 것을 요구한다.
2 추가적 세부 사항은 다음을 참고하자. "Statement on Statistical Significance and P-Values" by the American Statistical Association (2016)와 Wasserstein and Lazar (2016).

거나 극단적인 결과를 얻을 확률을 추정한다. 그러나 연구자들은 종종 다른 확률, 즉 $\hat{\beta}$를 관찰했을 때 H_0이 참일 확률에 더 관심이 있다. 이 확률은 베이즈 정리를 사용해 계산할 수 있다. 단 추가 가정(베이즈 사전 확률)을 해야 한다.[3]

p-값의 네 번째 결함은 샘플의 유의성을 평가한다는 것이다. 전체 샘플은 계수 추정과 유의성 결정이라는 두 가지 과제를 해결하는 데 사용된다. 따라서 p-값은 샘플 외 설명(즉 예측) 값이 없는 변수에 대해 낮을 수 있다(즉 유의할 수 있다). 동일한 데이터셋에 대해 여러 번의 샘플 내 테스트를 실행하면 잘못된 발견이 발생할 가능성이 높으며, 이는 p-해킹[4]으로 알려진 관행이다.

요약하면 p-값은 정말로 필요하지 않은 확률(세 번째 결함)의 잡음이 많은 추정치(두 번째 결함)를 생산하고자 많은 가정(첫 번째 결함)을 하도록 요구하고 있으며, 이는 샘플 외로 일반화되지 않을 수 있다(네 번째 결함). 이들은 불필요한 걱정이 아니다. 이론적으로 고전적 방법의 주요 장점은 설명 변수들 간에 유의성을 투명하게 귀속시킨다는 것이다. 그러나 그 고전적 귀속에는 실제로 매우 많은 결함이 있기 때문에 아마도 고전적 방법은 그러한 결함을 극복하는 현대적 계산 기법으로부터 도움을 어느 정도 받을 수 있을 것이다.

6.2.2 수치 예제

40개의 특성으로 구성된 이진수 무작위 분류 문제를 고려하자. 여기서 5개는 정보성이 있고, 30개는 중복되고, 5개는 잡음이다. 코드 6.1은 정보성, 중복, 잡음을 생성하는 getTestData 함수를 구현한다. 정보성 특성('I_' 접두

---

3 이 논의를 8.2절에서 다시 살펴본다.

4 인위적으로 통계적으로 유의한 연구 결과를 얻는 행위로 데이터의 흥미로운 부분만 분석하거나, 다중 테스트로 샘플 외 테스트를 보고하지 않거나, 동일한 가설에 여러 테스트를 수행 후 중요한 것만 보고하거나, 원하는 결과가 나올 때까지 데이터를 포함하거나 제외하고 실험하는 것들을 들 수 있다. - 옮긴이

사로 표시됨)은 레이블 생성에 사용되는 특성이다. 중복 특성('R_' 접두사로
표시)은 임의로 선택한 정보성 특성에 가우시안 잡음을 추가해 형성한 특성
이다(sigmaStd 값이 낮을수록 대체 효과가 크다). 잡음 특성('N_' 접두사로 표시
됨)은 레이블 생성에 사용되지 않는 특성이다.

코드 6.1 정보성, 중복, 잡음 설명 변수의 생성

```
def getTestData(n_features=100,n_informative=25,n_redundant=25,
  n_samples=10000,random_state=0,sigmaStd=.0):
  # 분류 문제에 대한 무작위 데이터셋을 생성
  from sklearn.datasets import make_classification
  np.random.seed(random_state)
  X,y=make_classification(n_samples=n_samples,
    n_features=n_features-n_redundant,
    n_informative=n_informative,n_redundant=0,shuffle=False,
    random_state=random_state)
  cols=['I_'+str(i) for i in xrange(n_informative)]
  cols+=['N_'+str(i) for i in xrange(n_features-n_informative-\
    n_redundant)]
  X,y=pd.DataFrame(X,columns=cols),pd.Series(y)
  i=np.random.choice(xrange(n_informative),size=n_redundant)
  for k,j in enumerate(i):
    X['R_'+str(k)]=X['I_'+str(j)]+np.random.normal(size= \
      X.shape[0])*sigmaStd
  return X,y
#------------------------------------------------------
import numpy as np,pandas as pd,seaborn as sns
import statsmodels.discrete.discrete_model as sm
X,y=getTestData(40,5,30,10000,sigmaStd=.1)
ols=sm.Logit(y,X).fit()
```

그림 6.1은 해당 형상에 대한 로짓 회귀 분석$^{logit\ regression}$에서 발생하는 p-
값을 나타낸다. 수평 막대는 p-값을 나타내고, 수직 점선은 5% 유의 수준
을 표시한다. 35개의 비잡음 특성 중 4개, 즉 I_1, R_29, R_27, I_3만이
통계적으로 유의한 것으로 간주된다. 잡음 특성은 상대적으로 중요한 것으
로 분류된다(9, 11, 14, 18, 26 위치). 가장 중요도가 낮은 14개의 특성은 잡

음이 아니다. 간단히 말해서 이러한 p-값은 앞서 설명한 이유로 배후의 진실을 잘못 전달한다.

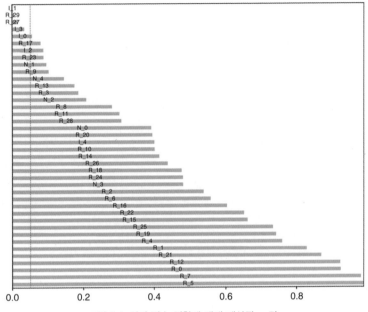

그림 6.1 설명 변수 집합에 대해 계산된 p-값

불행히도 금융 데이터셋은 시장, 섹터, 등급, 가치, 모멘텀, 이익의 질, 기간 등 투자 환경의 많은 부분에서 공유하는 공통 위험 요인의 결과로서 고도로 다중 공선인 경향이 있다. 이런 상황에서 금융 연구자들은 p-값에만 의존하는 것을 중단해야 한다. 금융 연구자들이 특정 현상에 어떤 변수가 정보를 담고 있는지 판단하기 위한 추가 방법을 숙지하는 것이 중요하다.

6.3 특성 중요도

6.3절에서는 머신러닝의 특징 중요도 방법 중 두 가지가 계산 기법을 사용해 최소 가정으로 p-값의 결함을 어떻게 다루는지 연구한다. 머신러닝 해석 방법의 다른 예로는 누적 국지적 효과^{accumulated local effects}(Apley, 2016)와

샤플리Shapley 값(Štrumbelj, 2014)이 있다.

6.3.1 평균 감소 불순도

F개의 특성과 관찰당 하나의 레이블로 구성된 크기 N개의 학습 샘플을 갖고 있다고 가정하자. 트리 기반 분류(또는 회귀) 알고리즘은 각 노드 t에서 레이블을 2개의 샘플로 분할한다. 주어진 특징 X_f에 대해 임계값 τ 이하의 X_f와 연관된 노드 t의 레이블은 왼쪽 샘플에 배치하고, 나머지는 오른쪽 샘플에 배치한다. 이러한 각 샘플에 대해 레이블 분포의 엔트로피, 지니 계수 또는 다른 기준을 따라서 불순도를 평가할 수 있다. 직관적으로 샘플은 한 종류의 레이블만 담았을 때 가장 순수하며, 레이블이 균등 분포를 따를 때 가장 불순하다. 분할로 초래되는 정보 이득은 다음과 같이 불순도의 감소로 측정된다.

$$\Delta g[t,f] = i[t] - \frac{N_t^{(0)}}{N_t} i[t^{(0)}] - \frac{N_t^{(1)}}{N_t} i[t^{(1)}]$$

여기서 $i[t]$은 노드 t에서의 레이블의 불순도이고, $i[t^{(0)}]$는 왼쪽 샘플 레이블의 불순도이고, $i[t^{(1)}]$은 오른쪽 샘플 레이블의 불순도다. 각 노드 t에서 분류 알고리즘은 $\{X_f\}_{f=1,\dots,F}$의 다양한 특성에 대해 $\Delta g[t,f]$를 평가하고, 이들 각각에 대해 $\Delta g[t,f]$를 최대화하는 최적 임계값 t를 결정하고, 최대 $\Delta g[t,f]$와 연관된 특성을 선택한다. 분류 알고리즘은 더 이상의 정보 이득이 발생하지 않거나 최대 허용 한도 미만으로 불순도를 달성하는 등 일부 조기 종료 조건이 충족될 때까지 샘플을 더 분할한다.

특성 중요도는 특성이 선택된 모든 노드에서 가중 정보 이득($\Delta g[t,f]$)으로 계산할 수 있다. 브라이만(Breiman 2001)이 도입한 이 트리 기반의 특성 중요도 개념은 평균 감소 불순도MDI, Mean Decrease Impurity로 알려져 있다. 구성에 의해 각 특성과 관련된 MDI 값은 0과 1 사이에 존재하며, 모두 합치면 최대 1이 된다. 모두 무정보적(즉 동등한 정보를 가진)인 F 특성이 있는 경우

각 MDI 값은 $1/F$가 될 것으로 예상된다. 랜덤 포레스트와 같이 트리의 앙상블을 결합하는 알고리즘에 대해서는 모든 트리에서 각 특성에 대한 MDI 값의 평균과 분산을 추가로 추정할 수 있다. 이러한 평균 및 분산 추정치는 중심 한계 정리와 함께 사용자 정의의 귀무가설에 대한 특성의 유의성을 검정하는 데 유용하다. 코드 6.2는 앙상블 MDI 절차를 구현한다. MDI 사용 방법에 대한 실질적인 조언은 로페즈 데 프라도(2018a)를 참고한다.

코드 6.2 앙상블 MDI 방법의 구현

```
def featImpMDI(fit,featNames):
  # IS 평균 불순도 감소를 기반으로 한 특성
  df0={i:tree.feature_importances_fori,treein\ enumerate(fit.estimators_)
  df0=pd.DataFrame.from_dict(df0,orient='index')
  df0.columns=featNames
  df0=df0.replace(0,np.nan)#becausemax_features=1
  imp=pd.concat({'mean':df0.mean(),
    'std':df0.std()*df0.shape[0]**-.5},axis=1)#CLT
  imp/=imp['mean'].sum()
  returnimp
#-------------------------------------------------
from sklearn.tree import DecisionTreeClassifier
from sklearn.ensemble import BaggingClassifier
X,y=getTestData(40,5,30,10000,sigmaStd=.1)
clf=DecisionTreeClassifier(criterion='entropy',max_features=1,
  class_weight='balanced',min_weight_fraction_leaf=0)
clf=BaggingClassifier(base_estimator=clf,n_estimators=1000,
  max_features=1.,max_samples=1.,oob_score=False)
fit=clf.fit(X,y)
imp=featImpMDI(fit,featNames=X.columns)
```

그림 6.2는 그림 6.1에서 논의된 것과 동일한 무작위 분류 문제에 MDI를 적용한 결과를 나타낸다. 가로 막대는 랜덤 포레스트에 있는 1,000여 개의 트리에서 MDI 값의 평균을 나타내며, 선은 그 평균 주위의 표준 편차를 나타낸다. 숲에 트리를 더할수록 평균 주위의 표준 편차가 작아진다. MDI는 잡음 특성이 아닌 모든 특성(정보성 또는 중복 특성)이 잡음 특성보다 높은

순위를 차지한다는 점에서 좋은 성과를 내고 있다. 그럼에도 소수의 잡음이 없는 특성들이 비슷한 특성들보다 훨씬 더 중요한 것으로 보인다. 이것은 중복 특성이 있는 곳에서 발견될 것으로 예상되는 일종의 대체 효과다. 6.5절은 이러한 특정 문제의 해법을 제안한다.

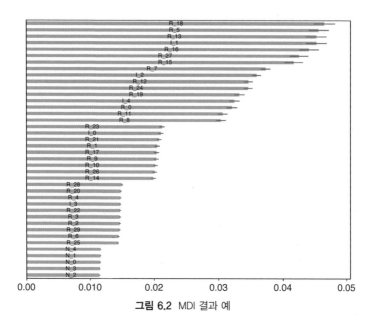

그림 6.2 MDI 결과 예

p-값의 네 가지 결함 중 MDI 방법은 다음과 같은 세 가지를 다루고 있다. (1) MDI의 계산적 특성은 틀릴 수 있는 강력한 분포 가정의 필요성을 회피한다(첫 번째 결함). 특정 트리 구조나 대수적 사양을 부과하거나 잔차의 확률적 또는 분포적 특성에 의존하지 않는다. (2) 베타[beta]가 단일 샘플에 대해 추정되는 반면, 앙상블 MDI는 트리의 부트스트랩에서 도출된다. 따라서 MDI 추정치의 분산은 일반적으로 앙상블 방법이나 특히 랜덤 포레스트에서 트리의 수를 증가시킴으로써 줄일 수 있다(두 번째 결함). 이것은 과대적합으로 인한 거짓 양성의 확률을 감소시킨다. 또한 p-값과 달리 MDI의 추정에 따라 비특이일 수 있는 행렬의 역행렬을 요구하지 않는다. (3) 트리에 기초한 분류기의 목적은 주어진 대수 방정식의 계수를 추정하는 것이 아니므로 특정 귀무가설의 확률을 추정하는 것과는 무관하다. 즉 MDI는

특정 파라미터 사양과 무관하게 일반적으로 중요한 특성을 찾아 세 번째 결함을 교정한다.

MDI의 앙상블 추정치는 트리의 수가 충분할 경우 분산이 적어 p-해킹의 우려를 줄일 수 있다. 그러나 여전히 그 절차 자체는 교차 검증을 수반하지 않는다. 따라서 MDI가 완전히게 해결하지 못하는 p-값의 한 가지 결함은 MDI도 샘플 내에서 계산된다는 것이다(네 번째 결함). 이 마지막 결함에 맞서려면 평균 감소 정확도^{MDA, Mean-Decrease Accuracy}의 개념을 도입해야 한다.

6.3.2 평균 감소 정확도

p-값과 MDI의 모두의 단점은 설명 목적으로(샘플 내) 유의적으로 보이는 변수가 예측 목적(샘플 외)과 무관할 수 있다는 점이다. 이 문제(4번째 결함)를 해결하고자 브라이만(2001)은 평균 감소 정확도^{MDA} 방법을 도입했다. MDA는 다음과 같이 동작한다. 첫째, 모델을 적합화시키고 교차 검증된 성과를 계산한다. 둘째, 동일한 적합화 모델의 교차 검증된 성과를 하는데, 단 하나의 차이점은 특성 중 하나와 관련된 관찰값들을 셔플링한다는 것이다. 그것은 특성당 하나의 수정된 교차 검증된 성능을 제공한다. 셋째, 셔플링 전후의 교차 검증된 성능을 비교함으로써 특정 특성과 연관된 MDA를 도출한다. 특성이 중요하다면 특성이 독립인 경우 셔플링으로 인해 성과의 현저한 저하 현상이 있어야 한다. MDA의 중요한 속성은 앙상블 MDI와 마찬가지로 단일 추정치의 결과가 아니라 다중 추정치의 평균(k-fold 교차 검증에서 설정된 각 테스트마다 하나씩)이라는 것이다.

특성이 독립적이지 않은 경우 MDA는 상호 관련 특성의 중요성을 과소평가할 수 있다. 극단적으로, 매우 중요하지만 동일한 두 가지 특징을 고려할 때 MDA는 한 가지 특성을 셔플링하는 효과가 다른 특징을 셔플링하지 않음으로써 부분적으로 보상될 수 있기 때문에 두 가지 특징이 상대적으로 중요하지 않다고 결론 내릴 수 있다. 6.5절에서 이러한 우려를 다룬다.

MDA 값은 상하한이 없으며, 특성이 유해할 정도로 정보성이 없는 경우 특성을 셔플링하는 것이 교차 검증된 성과를 잠재적으로 개선할 수 있다. MDA는 교차 검증 단계를 수반하기 때문에 이 방법은 계산적으로 비용이 많이 들 수 있다. 코드 6.3은 MDA를 구현한다. MDA 사용 방법의 실무적인 조언은 로페즈 데 프라도(2018a)를 참고하자.

코드 6.3 MDA의 구현

```
def featImpMDA(clf,X,y,n_splits=10):
    # OOS(샘플 외) 점수 감소에 기반을 둔 특성 중요도
    from sklearn.metrics import log_loss
    from sklearn.model_selection._split import KFold
    cvGen=KFold(n_splits=n_splits)
    scr0,scr1=pd.Series(),pd.DataFrame(columns=X.columns)
    for i,(train,test) in enumerate(cvGen.split(X=X)):
        X0,y0=X.iloc[train,:],y.iloc[train]
        X1,y1=X.iloc[test,:],y.iloc[test]
        fit=clf.fit(X=X0,y=y0) # the fit occurs here
        prob=fit.predict_proba(X1) # prediction before shuffling
        scr0.loc[i]=-log_loss(y1,prob,labels=clf.classes_)
        for j in X.columns:
            X1_=X1.copy(deep=True)
            np.random.shuffle(X1_[j].values) # shuffle one column
            prob=fit.predict_proba(X1_) # prediction after shuffling
            scr1.loc[i,j]=-log_loss(y1,prob,labels=clf.classes_)
    imp=(-1*scr1).add(scr0,axis=0)
    imp=imp/(-1*scr1)
    imp=pd.concat({'mean':imp.mean(),
        'std':imp.std()*imp.shape[0]**-.5},axis=1) # CLT
    return imp
#-------------------------------------------------
X,y=getTestData(40,5,30,10000,sigmaStd=.1)
clf=DecisionTreeClassifier(criterion='entropy',max_features=1,
    class_weight='balanced',min_weight_fraction_leaf=0)
clf=BaggingClassifier(base_estimator=clf,n_estimators=1000,
    max_features=1.,max_samples=1.,oob_score=False)
imp=featImpMDA(clf,X,y,10)
```

그림 6.3은 그림 6.2에서 논의한 것과 동일한 무작위 분류 문제에 MDA를 적용한 결과를 나타낸다. MDI 사례에서 했던 것과 비슷한 결론을 도출하고 있다. 첫째, MDA는 잡음 특성과 나머지 요소를 분리하는 데 전반적으로 좋은 성과를 보이고 있다. 잡음 특성은 순위가 가장 낮다. 둘째, 잡음 특성은 MDA 값이 본질적으로 0이므로 크기로는 중요하지 않은 것으로 간주된다. 셋째, 대체 효과가 MDA 중요도의 분산을 증가시키지만, 비잡음적 특성의 중요도에 의문을 제기할 만큼 높은 것은 없다.

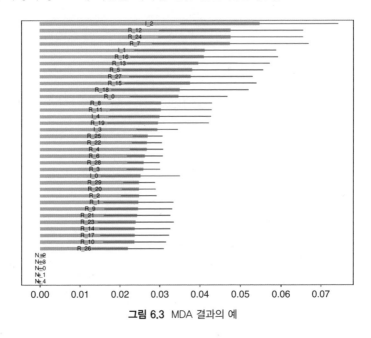

그림 6.3 MDA 결과의 예

MDA는 이름에도 불구하고 교차 검증된 성능을 평가하고자 정확도에 반드시 의존하지는 않는다. MDA는 다른 성과 점수로 계산할 수 있다. 사실 금융이란 특수한 경우에 있어 정확도는 특별히 좋은 선택이 아니다. 그 이유는 정확도가 정확한 예측의 비율로 분류기의 점수를 매기기 때문이다. 확률을 고려하지 않는다는 단점이 있다.

예를 들어, 분류기는 낮은 신뢰도로 좋은 예측을 하고 높은 신뢰도로 나쁜 예측을 했음에도 높은 정확도를 달성할 수 있다. 6.4절에서는 이 문제를 해결하는 점수화scoring 함수를 소개한다.

6.4 확률 가중 정확도

금융 응용에서 정확도에 대한 좋은 대안은 로그 손실(일명 교차 엔트로피 손실)이다. 로그 손실은 참 레이블의 평균 로그 우도 측면에서 분류기를 점수화한다(공식 정의는 로페즈 데 프라도(2018a)의 9.4절을 참고하자). 그러나 한 가지 단점은 로그 손실 점수를 해석하고 비교하기가 쉽지 않다는 점이다. 가능한 해결책은 참 레이블의 음의 평균 우도NegAL, Negative Average Likelihood를 계산하는 것이다.

$$\text{NegAL} = -N^{-1} \sum_{n=0}^{N-1} \sum_{k=0}^{K-1} y_{n,k} p_{n,k}$$

여기서 $p_{n,k}$는 레이블 k의 예측 n과 관련된 확률이며, $y_{n,k}$는 지표 함수, $y_{n,k} \in \{0, 1\}$이며, 여기서 관찰 n이 레이블 k에 할당됐을 때는 $y_{n,k} = 1$이고, 할당되지 않았을 때는 $y_{n,k} = 0$이다. 이는 로그 손실과 매우 유사하나, 로그 우도가 아니라 우도를 평균을 한다는 점에서 다르며, NegAL의 범위는 여전히 0과 1 사이이다.

또는 확률 가중 정확도PWA, Probability-Weighted Accuracy를 다음과 같이 정의할 수 있다.

$$\text{PWA} = \sum_{n=0}^{N-1} y_n \left(p_n - K^{-1} \right) \left/ \sum_{n=0}^{N-1} \left(p_n - K^{-1} \right) \right.$$

여기서 $p_n = \max_k \{p_{n,k}\}$이고 y_n은 지표 함수이고, $y_n \in \{0, 1\}$이고, 예측이 정확할 때 $y_n = 1$이고 아니면 $y_n = 0$이다.[5] 이는 분류기가 모든 예측에 절대적

---

5 PWA의 아이디어는 저자의 동료 리 콘, 마이클 로크, 예시옹 정과의 공동연구의 결과다.

인 확신을 가질 때의 표준 정확도와 동일하다(즉 모든 n에 대해서 $p_n = 1$). PWA는 높은 신뢰도를 갖고 한 잘못된 예측에 대해 정확도보다 더욱 심하게 페널티를 가하는데, 로그 손실보다는 덜 심하게 페널티를 가한다.

6.5 대체 효과

대체 효과substitution effect는 두 가지 특성이 예측 정보를 공유할 때 발생한다. 대체 효과는 특성 중요도 방법의 결과를 편향시킬 수 있다. MDI의 경우 동일한 두 특성이 동일한 확률로 무작위로 선택되기 때문에 그들의 중요도는 반감될 것이다. MDA의 경우 한 가지 특성을 셔플링하는 효과가 다른 효과에 의해 보상될 수 있기 때문에 동일한 두 가지 특성이 중요하더라도 중요하지 않은 것으로 간주될 수 있다.

6.5.1 직교화

특성이 매우 상호의존적인 경우 그 중요도는 강건한 방식으로 판단될 수 없다. 관찰의 작은 변화는 추정된 중요도에 극적인 영향을 미칠 수 있다. 그러나 이러한 영향은 무작위적이지 않다. 즉 상호의존성이 높은 두 가지 특성을 고려할 때 한 가지에서 중요도 하락은 다른 하나의 중요도 상승으로 보상된다. 다시 말해 상호의존성은 특성 중요도를 평가할 때 대체 효과를 일으킨다.

다중 공선성에 대한 한 가지 해결책은 특성에 PCA를 적용하고, 직교 주성분을 도출한 다음 그 주성분에 대해 MDI 또는 MDA를 실행하는 것이다(추가 세부 사항은 로페즈 데 프라도(2018a)의 8장을 참고하자). 이러한 방식으로 직교화된 특성은 대체 효과에 더 탄력적일 수 있으며, (1) 유용한 특성의 비선형 조합에서 발생하는 중복 특성은 여전히 대체 효과를 유발할 수 있다. (2) 주성분은 직관적인 설명을 하지 못할 수 있다. (3) 주성분은 고유 벡터에 의해 정의되는데, 주성분이 반드시 모델의 샘플 외 성과를 최대화하는 것은 아니다(Witten et al. 2013).

6.5.2 군집 특성 중요도

기저basis 변경이 필요하지 않은 더 나은 접근 방식은 유사한 특성을 군집화하고 군집 수준에서 특성 중요도 분석을 적용하는 것이다. 구성상 군집은 서로 달라서 대체 효과를 완화시키기 때문이다. 분석은 기저의 변경 없이 특성의 분할에 대해 행해지기 때문에 결과는 보통 직관적이다.

이 아이디어를 구현하는 하나의 알고리즘을 소개하겠다. 군집 특성 중요도 CFI, Clustered Feature Importance 알고리즘에는 (1) 특성 군집의 수와 구성 요소 찾기 (2) 개별 특성보다는 유사한 특성의 그룹에 대해 특성 중요도 분석을 적용하는 두 단계가 포함된다.

1단계: 특성 군집화

먼저 관찰된 특성을 척도 공간에 투영해 행렬 $\{X_f\}_{f=1,...,F}$을 만든다. 이 행렬을 형성하기 위한 한 가지 가능성은 4.4.1절에 설명한 상관관계 기반 접근법을 따르는 것이다. 또 다른 가능성은 척도 공간에 그러한 특성을 나타내고자 정보 이론적 개념(예: 정보의 변이, 3장 참고)을 적용하는 것이다. 정보 이론적 척도는 정보성 특성의 비선형 조합의 결과인 중복 특성을 인지할 수 있는 장점이 있다.[6]

둘째, ONC$^{Optimal Number of Clusters}$ 알고리즘과 같은 군집의 최적 개수와 구성을 결정하는 절차를 적용한다(4장 참고). ONC는 최적의 군집 수와 군집 구성을 찾는데 각 특성이 하나의 군집에만 속한다는 점을 기억하라. 동일한 군집에 속하는 특성은 대량의 정보를 공유하고, 다른 군집에 속하는 특성은 상대적으로 적은 양의 정보만 공유한다.

---

6 정보 거리 척도를 사용한 특성 군집화의 예는 다음을 참고하자. https://ssrn.com/abstract=3517595

한 특성이 여러 군집에 걸쳐 있는 여러 특성의 조합인 경우 실루엣 점수가 낮게 나타날 수 있다. ONC는 하나의 특성을 여러 군집에 할당할 수 없기 때문에 이것은 문제다. 이 경우 다음과 같은 변환은 시스템의 다중 공선성을 감소시키는 데 도움이 될 수 있다. 각 군집 $k = 1,...,K$에 대해서 해당 군집에 포함된 특성을 잔차 특성으로 교체한다. 여기서 이들 잔차 특성은 군집 k 외부의 특성 정보를 포함하지 않는다. 정확히 하고자 D_k를 군집 k에 속하는 인덱스 특성 $D = \{1,..., F\}$의 부분 집합으로 하자. 여기서 $D_k \subset D$, $\|D_k\| > 0$, $\forall k$; $D_k \cap D_l = \varnothing$, $\forall k \neq l$; $U_{k=1}^K D_k = D$다. 그러면 주어진 특성 X_i, $i \in D_k$에 대해 다음을 적합화함으로써 잔차 특성 $\hat{\varepsilon}_i$를 구할 수 있다.

$$X_{n,i} = \alpha_i + \sum_{j \in \left\{ \bigcup_{l < k} D_l \right\}} \beta_{i,j} X_{n,j} + \varepsilon_{n,i}$$

여기서 $n = 1,...,N$은 특성별 관찰 인덱스다. 위의 회귀 분석에서 자유도가 너무 낮을 경우 한 가지 옵션은 (예: 최소 분산 가중치법을 따라) 각 군집 내 특성의 선형 결합을 설명 변수로 회귀 분석을 수행해 단지 $K - 1$개의 베타만을 추정하는 것이다. OLS 잔차의 특성 중 하나는 잔차가 설명 변수와 직교한다는 것이다. 따라서 각 특성 X_i를 잔차 특성 $\hat{\varepsilon}_i$로 대체함으로써 군집 k에만 속하는 정보를 보존하면서 이미 다른 군집에 포함된 정보를 군집 k로부터 제거한다. 다시 말하지만 실루엣 점수가 특성들이 각각의 군집에 속한다는 것을 명확하게 나타내는 경우에는 이 변환이 필요하지 않다.

2단계: 군집 중요도

1단계에서는 특성 군집의 수와 구성을 식별했다. 여기서는 이 정보를 이용해 개별적인 특성보다는 유사한 특성의 그룹에 MDI와 MDA를 적용한다. 다음에서는 분할 알고리즘이 특성을 군집화했다고 가정한다. 군집화된 특성의 중요도에 대한 개념은 계층적 군집에도 적용될 수 있다.

군집 MDI

6.3.1절에서 본 바와 같이 특성의 MDI는 특성이 선택된 모든 노드에서 가중된 불순도 감소량이다. 군집을 구성하는 특성의 MDI 값의 합으로 군집 MDI를 계산한다. 군집당 하나의 특성이 있는 경우 MDI와 군집 MDI는 동일하다. 앙상블 트리의 경우 각 트리에 대해 군집 MDI가 1개씩 있어, 평균 군집 MDI와 평균 군집 MDI 주위의 표준 편차를 계산할 수 있으며, 이는 특성 MDI의 경우와 유사하다. 코드 6.4는 군집 MDI를 추정하는 절차를 구현한다.

코드 6.4 군집 MDI

```
def groupMeanStd(df0,clstrs):
  out=pd.DataFrame(columns=['mean','std'])
  for i,j in clstrs.iteritems():
    df1=df0[j].sum(axis=1)
    out.loc['C_'+str(i),'mean']=df1.mean()
    out.loc['C_'+str(i),'std']=df1.std()*df1.shape[0]**-.5
  return out
#----------------------------------------------------
def featImpMDI_Clustered(fit,featNames,clstrs):
  df0={i:tree.feature_importances_ for i,tree in \
    enumerate(fit.estimators_)}
  df0=pd.DataFrame.from_dict(df0,orient='index')
  df0.columns=featNames
  df0=df0.replace(0,np.nan) # because max_features=1
  imp=groupMeanStd(df0,clstrs)
  imp/=imp['mean'].sum()
  return imp
```

군집 MDA

특성의 MDA는 특성을 분리한 전후의 알고리즘 성과를 비교함으로써 계산된다. 군집 MDA를 계산할 때 한 번에 하나의 특성을 셔플링하는 대신 주어진 군집을 구성하는 모든 특성을 셔플링한다. 특성별로 군집이 하나 있

으면 MDA와 군집 MDA가 동일하다. 코드 6.5는 군집 MDA를 추정하는
절차를 구현한다.

코드 6.5 군집 MDA

```
def featImpMDA_Clustered(clf,X,y,clstrs,n_splits=10):
  from sklearn.metrics import log_loss
  from sklearn.model_selection._split import KFold
  cvGen=KFold(n_splits=n_splits)
  scr0,scr1=pd.Series(),pd.DataFrame(columns=clstrs.keys())
  for i,(train,test) in enumerate(cvGen.split(X=X)):
    X0,y0=X.iloc[train,:],y.iloc[train]
    X1,y1=X.iloc[test,:],y.iloc[test]
    fit=clf.fit(X=X0,y=y0)
    prob=fit.predict_proba(X1)
    scr0.loc[i]=-log_loss(y1,prob,labels=clf.classes_)
    for j in scr1.columns:
      X1_=X1.copy(deep=True)
      for k in clstrs[j]:
        np.random.shuffle(X1_[k].values) # shuffle cluster
      prob=fit.predict_proba(X1_)
      scr1.loc[i,j]=-log_loss(y1,prob,labels=clf.classes_)
  imp=(-1*scr1).add(scr0,axis=0)
  imp=imp/(-1*scr1)
  imp=pd.concat({'mean':imp.mean(),
    'std':imp.std()*imp.shape[0]**-.5},axis=1)
  imp.index=['C_'+str(i) for i in imp.index]
  return imp
```

6.6 실험 결과

이 실험에서는 MDI와 MDA의 비군집 버전에서 사용한 것과 동일한 데이
터셋에 대해 군집 MDI 및 MDA 절차를 테스트할 것이다(6.3.1절, 6.3.2절
참고). 그 데이터셋은 40개의 특성으로 구성됐는데 그중 5개는 정보성, 30개
는 중복, 5개는 잡음이었다. 먼저 그러한 특징들의 상관 행렬에 ONC 알고

리즘을 적용한다.[7] 비실험적 설정에서 연구자는 2장에서 설명한 것처럼 군집화 전에 상관 행렬의 잡음과 주음을 제거해야 한다. 여기서는 방법의 강건성을 시험하는 문제로서 이 실험에서는 그렇게 하지 않는다(결과는 잡음과 주음이 제거된 상관 행렬에서 더 나을 것으로 예상된다).

그림 6.4는 ONC가 6개의 관련 군집(각 정보성 특성을 위한 하나의 군집에 잡음 특성 군집 하나를 더한 것)이 있음을 정확하게 인식하고, 중복 특성이 도출된 정보성 특성을 포함하는 군집에 중복 특성을 할당한다는 것을 보여 준다. 군집 간 상관관계가 낮을 경우 특성을 잔차로 교체할 필요가 없다(6.5.2.1절 참고). 코드 6.6은 이 예를 구현한다.

코드 6.6 특성 군집화 단계

```
X,y=getTestData(40,5,30,10000,sigmaStd=.1)
corr0,clstrs,silh=clusterKMeansBase(X.corr(),maxNumClusters=10,
  n_init=10)
sns.heatmap(corr0,cmap='viridis')
```

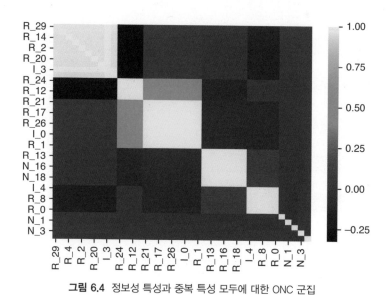

그림 6.4 정보성 특성과 중복 특성 모두에 대한 ONC 군집

---

7 연습으로 독자들은 ONC를 정보의 정규화된 버전을 사용해 계산된 특성의 척도 투영에 적용한다.

다음으로 그 데이터셋에 군집 MDI 방법을 적용한다. 그림 6.5는 군집 MDI 출력을 나타내며, 그림 6.2에 보고된 비군집화된 출력과 비교할 수 있다. 'C_' 접두사는 군집을 나타내며, 'C_5'는 잡음 특성과 연관된 군집이다. 군집화된 특성 'C_1'은 두 번째로 중요하지 않지만, 그 중요도는 'C_5'의 두 배 이상이다. 이는 잡음 특성과 잡음이 없는 특성의 일부 사이에 약간의 중요도 차이가 있었던 그림 6.2에서 보았던 것과 대조적이다. 따라서 군집 MDI 방식이 표준 MDI 방식보다 더 잘 작동하는 것으로 보인다. 코드 6.7은 이러한 결과가 어떻게 계산됐는지 보여 준다.

코드 6.7 군집 MDI를 위한 함수 호출

```
clf=DecisionTreeClassifier(criterion='entropy',max_features=1,
  class_weight='balanced',min_weight_fraction_leaf=0)
clf=BaggingClassifier(base_estimator=clf,n_estimators=1000,
  max_features=1.,max_samples=1.,oob_score=False)
fit=clf.fit(X,y)
imp=featImpMDI_Clustered(fit,X.columns,clstrs)
```

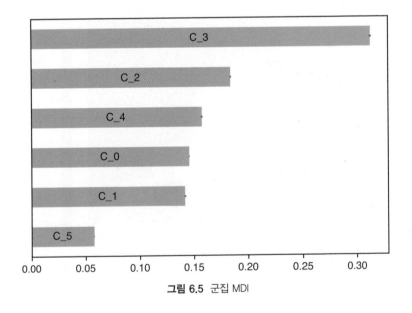

그림 6.5 군집 MDI

마지막으로 그 데이터셋에 군집 MDA 방법을 적용한다. 그림 6.6은 그림 6.3에 보고된 비군집화된 출력과 비교할 수 있는 군집 MDA 출력을 보여 준다. 다시 말하지만 'C_5'는 잡음 특성과 연관된 군집으로, 다른 모든 군집은 정보성과 중복 특성과 연관된다. 이 분석은 두 가지 올바른 결론에 도달했다. (1) 'C_5'는 본질적으로 중요성이 0이며, 관련 없는 것으로 버려져야 한다. (2) 다른 모든 군집은 중요성이 매우 유사하다. 이는 평균값 주위의 표준 편차를 고려했음에도 불구하고, 일부 비잡음 특성이 다른 특징들보다 훨씬 더 중요한 것으로 나타났던 그림 6.3에서 보았던 것과 대조적이다. 코드 6.8은 이러한 결과가 어떻게 계산되었는지 보여 준다.

코드 6.8 군집 MDA을 위한 함수의 호출

```
clf=DecisionTreeClassifier(criterion='entropy',max_features=1,
  class_weight='balanced',min_weight_fraction_leaf=0)
clf=BaggingClassifier(base_estimator=clf,n_estimators=1000,
  max_features=1.,max_samples=1.,oob_score=False)
imp=featImpMDA_Clustered(clf,X,y,clstrs,10)
```

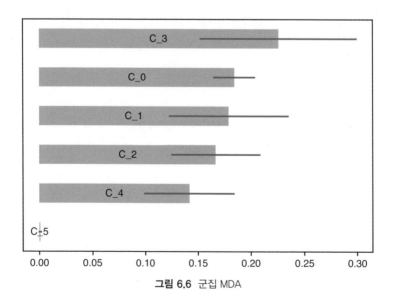

그림 6.6 군집 MDA

6.7 결론

대부분의 연구자들은 설명 변수의 중요도를 평가하고자 p-값을 사용한다. 그러나 6장에서 보았듯이 p-값은 네 가지 주요 결함에 시달린다. 머신러닝은 대부분의 또는 모든 결함을 극복하는 특성 중요도 방법을 제공한다.

MDI와 MDA 방법은 데이터의 분포와 구조에 대해 강한 가정을 하지 않고, 특성 중요도를 강력하게 평가한다. p-값과 달리 MDA는 교차 검증된 실험에서 특성의 중요도를 평가한다. 더욱이 p-값과 달리 군집 MDI와 군집 MDA 추정치는 대체 효과를 효과적으로 제어한다. 그러나 MDI와 MDA의 가장 두드러진 장점은 고전적 유의성 분석과는 달리 이러한 머신러닝 기법이 특정 사양과 무관하게 특성 중요도를 평가한다는 것이다. 그렇게 함으로써 그들은 이론의 발전에 극히 유용한 정보를 제공한다. 일단 연구자가 어떤 현상에 관련된 변수를 알게 되면 연구자는 그것들을 하나로 묶는 메커니즘이나 사양을 찾는 데 주의를 집중할 수 있다.

그 의미는 회귀 분석과 같은 고전적 통계적 접근법이 반드시 머신러닝 접근법보다 투명하거나 통찰력 있는 것은 아니라는 것이다. 머신러닝 도구는 블랙박스, 클래식 도구는 화이트박스라는 인식은 거짓이다. 머신러닝 특성 중요도 방법은 p-값만큼 유용할 뿐만 아니라 경우에 따라서는 보다 통찰력 있고 정확할 수 있다.

마지막 조언은 설명하거나 예측하고자 하는 것을 주의 깊게 고려해야 한다는 것이다. 5장에서는 다양한 레이블링 방법을 검토했다. 동일한 특성이 서로 다른 유형의 레이블을 설명하거나 예측하는 데 있어 다양한 중요도를 산출할 수 있다. 가능하면 이러한 특성 중요도 방법을 앞에서 설명한 모든 레이블링 방법에 적용하는 것이 타당하며, 어떠한 특성과 레이블의 조합이 가장 강력한 이론으로 이어지는지 살펴봐야 한다. 예를 들어 (특성 중요도 분석이 강력한 이론적 연관성의 존재를 시사하는 한) 어떤 종류의 예측을 기반으로도 수익성 있는 전략을 구축할 수 있기 때문에 다음 추세의 부호를 예측하는 것과 다음 5% 수익률의 부호를 예측하는 것에 대해서 무차별할 수 있다.

6.8 연습문제

1. 거짓 양성률 $\alpha = P[x > x|H_0]$을 가진 의료 검사를 고려하자. 여기서 H_0은 귀무가설(환자가 건강함), x는 관측된 측정값, τ은 유의 임계값이다. 검사가 한 무작위 환자에게 시행돼 양성으로 나타났다(귀무가설은 기각된다). 환자가 실제로 다음 조건을 갖고 있을 확률은 얼마인가?

   (a) 이것이 $1 - \alpha = P[x \leq \tau|H_0]$ (테스트의 신뢰도)인가?

   (b) 이것이 $1 - \beta = P[x > \tau|H_1]$ (테스트의 검정력 또는 재현율)인가?

   (c) 이것이 $P[H_1|x > \tau]$ (테스트의 정밀도)인가?

   (d) 위 가운데 p-값은 어떤 역할을 하는가?

   (e) 금융에서 유사한 상황은 변수가 현상에 연관되는지를 테스트하는 것이다. 관찰된 증거가 주어졌을 때 p-값은 변수가 관련될 확률에 대해 어떤 것을 알려 주는가?

2. $\alpha = .01$, $\beta = 0$이고, 그 조건의 확률은 $P[H_1] = .001$인 의료 검사를 고려한다. 그 검사는 완전한 재현율과 매우 높은 신뢰도를 갖고 있다. 양성 반응을 보인 환자가 실제로 병에 걸릴 확률은 얼마인가? 왜 $1 - \alpha$와 $1 - \beta$보다 훨씬 낮은가? 독립 검사에서 양성 반응을 두 번 검사한 후 환자가 실제로 병에 걸릴 확률은 얼마인가?

3. 6.3.1절과 6.3.2절의 예를 다시 실행하라. 여기서 이번에는 getTestData 함수에 인수 sigmaStd=0을 전달하라. 그림 6.2와 6.3은 이제 어떤 모습일까? 차이가 있다면 무엇이 그 차이를 야기하는가?

4. 6.3.2절의 MDA 분석을 다시 실행하라. 여기서 이번에는 확률 가중 정확도(6.4절)를 점수화 함수로 사용한다. 결과가 실질적으로 다른가? 더 직관적이거나 설명하기 쉬운가? 확률 가중 정확도를 사용해 MDA 출

력을 나타내는 다른 방법을 생각해 볼 수 있는가?

5. 6.6절에서의 실험을 다시 실행하라. 이때 특성을 군집화하는 데 사용되는 거리 척도는 정보 변분이다(3장).

07
포트폴리오 구축

7.1 동기 부여

자산 배분은 불확실성 속에서 결정을 내려야 한다. 마코위츠(1952)는 현대 금융사에서 가장 영향력 있는 아이디어 중 하나, 즉 투자 문제를 볼록 최적화 프로그램으로 표현하자고 제안했다. 마코위츠의 CLA^{Critical Line Algorithm}는 포트폴리오 리스크가 수익의 표준 편차 관점에서 측정되는 일정한 위험 수준에 따라 예상 수익을 최대화하는 포트폴리오의 '효율적인 경계선'을 추정한다. 실무에서는 평균-분산 최적 솔루션은 집중되고, 불안정한 경향이 있다(De Miguel et al. 2009).

최적 포트폴리오의 불안정성을 줄이기 위한 세 가지 인기 있는 접근법이 있다. 먼저 일부 저자들은 사전 확률 형태로 평균 또는 분산에 관한 추가 정보를 주입함으로써 해를 규제화하려고 시도했다(Black and Litterman 1992). 둘째, 다른 저자들은 추가 제약 조건을 포함함으로써 해의 실현 가능성 영역을 줄일 것을 제안하였다(Clarke et al. 2002). 셋째, 다른 저자들은 공분산 행렬의 역행렬의 수치 안정성 개선을 제안했다(Ledoit and Wolf 2004).

2장에서는 공분산 행렬에 포함된 잡음으로 인한 불안정성에 대처하는 방법을 논의했다. 공분산 행렬에 포함된 신호도 불안정의 원인이 될 수 있어 전문적인 취급이 필요하다는 것이 밝혀졌다. 7장에서는 특정 데이터 구조 (또는 신호 유형)가 평균-분산 해를 불안정하게 만드는 이유와 이러한 두 번째 불안정성을 해결하고자 할 수 있는 일을 설명한다.

7.2 볼록 포트폴리오 최적화

무위험 이자율을 초과하는 수익률이 기대값 μ와 기대 공분산 V를 갖는 N 보유 자산 포트폴리오를 고려한다. 마코위츠의 통찰력은 고전적인 자산 배분 문제를 이차 계획법$^{\text{QP, Quadratic Program}}$으로 공식화하는 것이었다.

$$\min_{\omega} \frac{1}{2} \omega' V \omega$$

$$\text{s.t.} : \omega' a = 1$$

여기서 a는 포트폴리오의 제약식을 특징짓는다. 이 문제는 다음과 같은 라그랑지 형태로 표현할 수 있다.

$$L[\omega, \lambda] = \frac{1}{2} \omega' V \omega - \lambda (\omega' a - 1)$$

1계 조건은 다음과 같다.

$$\frac{\partial L[\omega, \lambda]}{\partial \omega} = V \omega - \lambda a$$

$$\frac{\partial L[\omega, \lambda]}{\partial \lambda} = \omega' a - 1$$

1계(필요) 조건을 0으로 놓으면 다음을 얻는다.

$$V \omega - \lambda a = 0 \Rightarrow \omega = \lambda V^{-1} a$$

$$\omega' a = d' \omega = 1 \Rightarrow \lambda a' V^{-1} a = 1 \Rightarrow \lambda = 1 / (a' V^{-1} a)$$

따라서

$$\omega^* = \frac{V^{-1}a}{a'V^{-1}a}$$

2계(충분) 조건은 이 해가 라그랑지의 최소점이라는 것을 확인한다.

$$\begin{vmatrix} \dfrac{\partial L^2[\omega,\lambda]}{\partial \omega^2} & \dfrac{\partial L^2[\omega,\lambda]}{\partial \omega \partial \lambda} \\ \dfrac{\partial L^2[\omega,\lambda]}{\partial \lambda \partial \omega} & \dfrac{\partial L^2[\omega,\lambda]}{\partial \lambda^2} \end{vmatrix} = \begin{vmatrix} V' & -a' \\ a & 0 \end{vmatrix} = a'a \geq 0$$

이제 특성 벡터 a의 공식을 살펴보자.

1. $a = 1_N$이고, $V = \sigma I_N$인 경우(여기서 $\sigma \in \mathbb{R}^+$이며, 1_N는 1로 구성된 크기 N 벡터이며, I_N은 크기 N의 항등 행렬identity matrix), $\omega^* = 1_N \sigma^{-1}/(N\sigma^{-1}) = 1_N/N$이므로 해는 동일 비중 포트폴리오('1/N' 포트폴리오 또는 '단순한' 포트폴리오로 알려져 있다)다.

2. $a = 1_N$이고, V가 서로 다른 원소를 가진 대각 행렬(모든 $i \neq j$에 대해서 $V_{i,j}=0$)인 경우 $\omega^* = \frac{1}{\sum_{n=1}^{N}\frac{1}{V_{n,n}}}\{\frac{1}{V_{n,n}}\}_{n=1,\ldots,N}$이므로 해는 역분산 포트폴리오다.

3. $a = 1_N$인 경우 해는 최소 분산 포트폴리오다.

4. $a = \mu$인 경우 해는 포트폴리오의 샤프 비율 $\omega'\mu/\sqrt{\omega'V\omega}$을 극대화하며 시장 포트폴리오는 $V^{-1}\mu/(1_N'V^{-1}\mu)$이다(Grinold and Kahn 1999).

7.3 조건 수

어떤 공분산 구조는 평균-분산 최적화 해를 불안정하게 만든다. 이유를 이해하고자 공분산 행렬의 조건 수condition number의 개념을 도입해야 한다. 두 증권 간의 상관계수 행렬을 고려하자.

$$C = \begin{bmatrix} 1 & \rho \\ \rho & 1 \end{bmatrix}$$

여기서 ρ는 이들 수익률 간의 상관계수다. 행렬 C는 $CW = W\Lambda$로 다음과 같이 대각 행렬화될 수 있다. 먼저 고유값 방정식 $|C - I\lambda| = 0$으로 놓고, 연산을 하면 다음을 얻는다.

$$\begin{vmatrix} 1 - \lambda & \rho \\ \rho & 1 - \lambda \end{vmatrix} = 0 \Rightarrow (1 - \lambda)^2 - \rho^2 = 0$$

이 방정식은 근 $\lambda = 1 \pm \rho$을 가진다. 따라서 Λ의 대각 원소는 다음과 같다.

$$\Lambda_{1,1} = 1 + \rho$$
$$\Lambda_{2,2} = 1 - \rho$$

둘째, 각 고유값에 연관된 고유 벡터는 다음 연립방정식에 대한 해로 주어진다.

$$\begin{bmatrix} 1 - \Lambda_{1,1} & \rho \\ \rho & 1 - \Lambda_{2,2} \end{bmatrix} \begin{bmatrix} W_{1,1} & W_{1,2} \\ W_{2,1} & W_{2,2} \end{bmatrix} = \begin{bmatrix} 0 & 0 \\ 0 & 0 \end{bmatrix}$$

만약 C는 대각 행렬이 아직 아니라면 $\rho \neq 0$이고 이때 연립방정식은 다음 해를 가진다.

$$\begin{bmatrix} W_{1,1} & W_{1,2} \\ W_{2,1} & W_{2,2} \end{bmatrix} = \begin{bmatrix} \dfrac{1}{\sqrt{2}} & \dfrac{1}{\sqrt{2}} \\ \dfrac{1}{\sqrt{2}} & -\dfrac{1}{\sqrt{2}} \end{bmatrix}$$

그리고 다음을 쉽게 증명할 수 있다.

$$W\Lambda W' = \begin{bmatrix} \dfrac{1}{\sqrt{2}} & \dfrac{1}{\sqrt{2}} \\ \dfrac{1}{\sqrt{2}} & -\dfrac{1}{\sqrt{2}} \end{bmatrix} \begin{bmatrix} 1 + \rho & 0 \\ 0 & 1 - \rho \end{bmatrix} \begin{bmatrix} \dfrac{1}{\sqrt{2}} & \dfrac{1}{\sqrt{2}} \\ \dfrac{1}{\sqrt{2}} & -\dfrac{1}{\sqrt{2}} \end{bmatrix}' = \begin{bmatrix} 1 & \rho \\ \rho & 1 \end{bmatrix} = C$$

C의 대각합^{trace}은 $\text{tr}(C) = \Lambda_{1,1} + \Lambda_{2,2} = 2$이며, 따라서 ρ는 한 고유값이 다른 고유값을 희생해 커질 수 있는가를 설정한다. C의 행렬식^{determinant}은 $|C| = \Lambda_{1,1}\Lambda_{2,2} = (1+\rho)(1-\rho) = 1 - \rho^2$로 주어진다. 행렬식은 $\Lambda_{1,1} = \Lambda_{2,2} = 1$에서 최대값에 도달하며, 이는 상관관계가 없는 경우 $\rho = 0$에 해당한다. 행렬식은 $\Lambda_{1,1} = 0$ 또는 $\Lambda_{2,2} = 0$에서 최소값에 도달하며, 이는 완전 상관관계를 갖는 경우인 $|\rho| = 1$에 해당한다. C의 역행렬은 다음과 같다.

$$C^{-1} = W\Lambda^{-1}W' = \frac{1}{|C|}\begin{bmatrix} 1 & -\rho \\ -\rho & 1 \end{bmatrix}$$

이는 ρ가 0에서 더 벗어날수록 한 고유값이 다른 고유값에 상대적으로 커져 $|C|$가 0에 접근해 C^{-1}이 무한대로 근접한다.

더욱 일반적으로 공분산 구조에 의해 야기된 불안정성은 두 극단적 고유값 간의 크기로 측정될 수 있다. 따라서 공분산 또는 상관(또는 정규 따라서 대각행렬화 가능) 행렬의 조건 수는 최소와 최대 고유값 간의 (반올림한) 비율의 절대값으로 정의된다.

$$\lim_{\rho \to 1^-} \frac{\Lambda_{1,1}}{\Lambda_{2,2}} = +\infty$$

$$\lim_{\rho \to -1^+} \frac{\Lambda_{2,2}}{\Lambda_{1,1}} = +\infty$$

7.4 마코위츠의 저주

행렬 C는 단지 V의 표준화된 버전이므로 C^{-1}에 대한 결론은 ω^*를 계산하고자 사용되는 V^{-1}에 대해서도 적용된다. 포트폴리오 내 증권의 상관관계가 매우 높을 때 $-1 < \rho \ll 0$ 또는 $0 \ll \rho < 1$, C는 높은 조건 수를 갖고, V^{-1}의 값은 무한대로 접근한다. 이는 포트폴리오 최적화 맥락에서 문제를 야기하는데 ω^*가 V^{-1}에 의존하고, $\rho \approx 0$가 아니면 볼록 최대화 문제에 대해 불안

정한 해가 예상되기 때문이다. 즉 마코위츠의 해는 단지 $\rho \approx 0$인 경우에만 수치적으로 안정성이 보장되는데 바로 이 경우는 역설적으로 마코위츠를 필요로 하지 않는 경우다. 마코위츠를 필요로 하는 이유는 $\rho \not\approx 0$의 경우를 다루기 위한 것인데 마코위츠를 더 필요로 할수록 ω^*의 추정치가 수직적으로 더 불안정하다. 이것이 마코위츠의 저주다.

로페즈 데 프라도(2016)는 계층적 리스크 패리티^{HRP, Hierarchical Risk Parity}라고 불리는 머신러닝 기반 자산 배분 방법을 도입했다. HRP는 샘플 외 몬테카를로 실험에서 마코위츠와 단순한 배분보다 성과가 더 좋다. HRP의 목적은 최적 배분을 제공하기 위한 것이 아니라 단지 머신러닝 접근법의 잠재력을 증명하기 위한 것이다. 사실 HRP는 비록 구성상 샘플 내에서 준최적이라도 샘플 외에서 마코위츠보다 성과가 좋다. 7.5절에서 표준 평균-분산 최적화의 성과를 상대적으로 능가하기 쉬운 이유를 더욱 분석한다.

7.5 공분산 불안정성의 원천으로서의 신호

2장에서는 잡음과 관련된 공분산 불안정성이 N/T 비율에 의해 규제되는 것을 봤다. 왜냐하면 마르첸코-파스퇴르 분포^{Marcenko-Pastur distribution}의 하한인 λ_-는 N/T가 커질수록 작아지는 반면[1], 상한인 λ_+는 N/T가 커질수록 증가하기 때문이다. 7.5절에서는 데이터의 구조(신호)에 의해 야기되는 공분산 불안정성의 다른 원인을 다룬다. 2×2 행렬의 예에서 봤듯이 ρ는 N/T와 무관하게 독립적으로 행렬의 조건 수를 규제한다. 신호에 의한 불안정성은 구조적이며, 더 많은 관찰값을 샘플링해 줄일 수 없다.

신호가 평균-분산 최적화를 불안정하게 만드는 방법에 대한 직관적인 설명이 있다. 상관 행렬이 항등 행렬^{identity matrix}인 경우 고유값 함수는 수평선

---

1 참고로 2장에서 변수 N은 공분산 행렬의 열 수를 나타냈고, 변수 T는 공분산 행렬을 계산하는 데 사용되는 독립 관찰값의 수를 나타냈다.

이 되며 조건 수는 1이다. 그러한 이상적인 경우를 제외하고 조건 수는 불규칙한 상관 구조로 인해 영향을 받는다. 특히 금융의 경우 투자 유니버스의 나머지 부분보다 증권의 부분 집합이 그들 사이에 더 큰 상관관계를 보일 때 그 부분 집합은 상관 행렬 내에서 군집을 형성한다. 군집은 계층적 관계의 결과로 자연스럽게 나타난다. K개의 증권이 군집을 형성할 때 이들이 공통의 고유 벡터에 더 많이 노출되는데 이는 관련 고유값이 더 많은 양의 분산을 설명한다는 것을 의미한다. 그러나 상관 행렬의 대각합이 정확히 N이기 때문에 고유값은 해당 군집의 다른 $K-1$개의 고유값을 희생해야만 증가할 수 있으며, 따라서 조건 수가 1보다 커진다. 결과적으로 군집 내 상관관계가 클수록 조건 수는 더 높아진다. 이러한 불안정성의 근원은 구별되며 $N=T\rightarrow1$과는 무관하다.

이 직관을 수치로 예시해 보자. 코드 7.1은 서로 다른 수의 블록, 블록 크기, 블록 내 상관관계의 블록-대각 상관 행렬을 형성하는 방법을 보여 준다. 그림 7.1에는 크기가 동일한 블록 2개로 구성된 4×4 크기의 블록 대각선 행렬이 표시된다. 여기서 블록 내 상관관계는 0.5이고, 외부 블록 상관관계는 0이다. 이 블록 구조 때문에 조건 수는 1이 아니라 3이다. (1) 블록하나를 더 크게 만들거나 (2) 블록 내 상관관계를 증가시키면 조건 수가 상승한다. 그 이유는 두 경우 모두 한 고유 벡터가 나머지 고유 벡터보다 더 많은 분산을 설명하기 때문이다. 예를 들어, 한 블록의 크기를 3으로 늘리고 다른 블록의 크기를 1로 줄이면 조건 수는 4가 된다. 대신 블록 내 상관관계를 0.75로 증가시키면 조건 수는 7이 된다. 크기 500×500의 블록-대각 상관 행렬과 2개의 동일한 크기의 블록이 있으며, 여기서 블록 내 상관관계 0.5이면 조건 수가 251이며, 다시 500개의 고유 벡터를 가진 결과 대부분의 분산이 단지 2로 설명된다.

코드 7.1 블록-대각 상관 행렬의 구성

```
import matplotlib.pyplot as mpl,seaborn as sns
import numpy as np
```

```
#-----------------------------------------------------
corr0=formBlockMatrix(2,2,.5)
eVal,eVec=np.linalg.eigh(corr0)
print max(eVal)/min(eVal)
sns.heatmap(corr0,cmap='viridis')
```

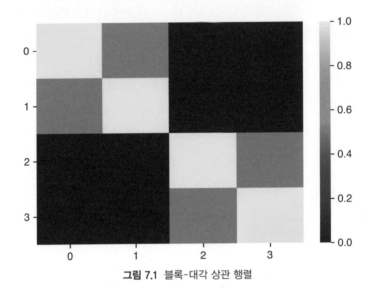

그림 7.1 블록-대각 상관 행렬

코드 7.2는 두 블록 중 한 블록에서만 블록 내 상관관계를 내리는 것이 조
건 수를 줄이지 않는다는 것을 보여 준다. 그 이유는 극단적인 고유값이 지
배적인 블록에 의해 발생하기 때문이다. 따라서 높은 조건 수는 단지 한 군
집에만 의해 발생할 수 있더라도 이는 전체 상관 행렬에 영향을 미친다. 이
러한 관찰은 중요한 시사점을 갖고 있다. 마코위츠 해의 불안정성은 상관
행렬 내 소수의 지배적인 군집에 기인할 수 있다. 지배적인 군집을 별도로
최적화함으로써 그러한 불안정성을 억제할 수 있으며, 따라서 불안정성이
포트폴리오 전체로 확산되는 것을 방지할 수 있다.

```
corr0=block_diag(formBlockMatrix(1,2,.5))
corr1=formBlockMatrix(1,2,.0)
corr0=block_diag(corr0,corr1)
eVal,eVec=np.linalg.eigh(corr0)
print max(eVal)/min(eVal)
```

7.6 중첩 군집 최적화 알고리즘

7장의 나머지 부분은 마코위츠의 저주의 근원을 다룬 새로운 머신러닝 기반 방법인 중첩 군집 최적화[NCO, Nested Clustered Optimization]를 도입하는 데 초점을 맞춘다. NCO는 '래퍼[wrapper]'라고 알려진 알고리즘의 종류에 속한다. 어떤 효율적 경계의 구성 원소가 계산되는지 여부나 어떤 제약 조건들이 부과되는지 여부에 대해서 무관하다. NCO는 마코위츠의 저주가 기존의 평균-분산 배분 방법에 미치는 영향을 해결하기 위한 전략을 제공한다.

7.6.1 상관 군집화

NCO 알고리즘의 첫 번째 단계는 상관 행렬을 군집화하는 것이다. 이 작업에는 최적의 군집 수를 찾는 작업이 포함된다. 한 가지 가능성은 ONC 알고리즘(4장)을 적용하는 것이지만, NCO는 군집 수를 결정하는 데 사용되는 어떤 알고리즘이 사용되는가에 대해서 무관하다. T/N이 상대적으로 낮은 큰 행렬의 경우 2장에서 설명한 방법에 따라 군집화 전에 상관 행렬의 잡음을 제거하는 것이 바람직하다. 코드 7.3은 이 절차를 구현한다. 2장에서 소개한 deNoiseCov 함수를 사용해 잡음 제거된 공분산 행렬(cov1)을 계산한다. 주의 사항으로 인수 q는 관측 행렬의 행 수와 열 수 사이의 비율을 알려 준다. bWidth=0일 때 공분산 행렬의 잡음은 제거되지 않는다. cov2corr 함수를 사용해 결과 공분산 행렬을 상관 행렬로 표준화한다. 그런 다음 4장에서 소개한 clusterKMeansBase 함수를 사용해 정제된 상관 행렬을 군집화한다. maxNumClusters 인수는 상관 행렬의 열 수의 절반으로 설정된다. 그 이유는 단일 항목 군집은 행렬의 조건 수 증가를 유발하지 않기 때문에 최소 크기가 2인 군집만 고려하면 되기 때문이다. 군집 수가 더 작을 것으로 예상하는 경우 더 낮은 maxNumClusters를 사용해 계산을 가속화할 수 있다.

코드 7.3 상관 군집 단계

```
import pandas as pd
cols=cov0.columns
cov1=deNoiseCov(cov0,q,bWidth=.01) # de-noise cov
cov1=pd.DataFrame(cov1,index=cols,columns=cols)
corr1=cov2corr(cov1)
corr1,clstrs,silh=clusterKMeansBase(corr1,
maxNumClusters=corr0.shape[0]/2,n_init=10)
```

일반적인 질문은 corr1 또는 corr1.abs()를 군집화해야 하는가다. 모든 상관 관계가 음수가 아닌 경우 corr1과 corr1.abs() 군집화는 동일한 결과를 산출한다. 일부 상관관계가 음수일 경우 답은 더 복잡하며, 관측된 입력의 수치 특성에 따라 달라진다. 두 가지를 모두 시도해 보고, 몬테카를로 실험에서 어떤 군집화가 특정 corr1에 더 잘 작용하는지 볼 것을 추천한다.[2]

7.6.2 군집 내 비중

NCO 알고리즘의 두 번째 단계는 잡음 제거된 공분산 행렬, cov1을 사용해 최적의 군집 내 배분을 계산하는 것이다. 코드 7.4는 이 절차를 구현한다. 단순성을 위해 minVarPort 함수에 구현된 최소 분산 배분을 기본으로 설정

---

2 경험 법칙으로 corr1.abs()는 일부 상관관계가 음인 롱-숏 포트폴리오 최적화 문제에 더 잘 작동하는 경향이 있다. 직관적으로 음의 비중을 가질 수 있는 능력은 상관관계의 부호를 바꾸는 것과 동일하며, 이는 상당히 큰 불안정성을 초래할 수 있다. 음의 상관관계를 갖는 변수들은 비중을 통해 상호작용하므로 이들 변수를 군집해 각 군집 내의 불안정성을 제어하는 것이 좋다.

했다. 그러나 이 절차는 다른 대체적인 배분 방법의 사용도 허용한다. 추정된 군집 내 가중치를 사용해 군집 간 상관관계를 나타내는 축약된 공분산 행렬인 cov2를 도출할 수 있다.

코드 7.4 군집 내 최적 배분

```
wIntra=pd.DataFrame(0,index=cov1.index,columns=clstrs.keys())
for i in clstrs:
  wIntra.loc[clstrs[i],i]=minVarPort(cov1.loc[clstrs[i],
    clstrs[i]]).flatten()
cov2=wIntra.T.dot(np.dot(cov1,wIntra)) # 축약된 공분산 행렬
```

7.6.3 군집 간 비중

NCO 알고리즘의 세 번째 단계는 축약된 공분산 행렬인 cov2를 사용해 최적의 군집 간 배분을 계산하는 것이다. 구성상 이 공분산 행렬은 대각 행렬에 가깝고, 최적화 문제는 이상적인 마코위츠 사례에 가깝다. 즉 군집화와 군집 내 최적화 단계를 통해 '마코위츠-저주$^{Markowitz-cursed}$' 문제($|\rho| \gg 0$)를 올바른 작동하는 문제($\rho \approx 0$)로 전환할 수 있다.

코드 7.5는 이 절차를 구현한다. 군집 내 배분 단계(코드 7.4의 경우 minVarPort 함수)에서 사용된 것과 동일한 배분 절차를 적용한다. 증권당 최종 배분은 wAll0 데이터 프레임에 의해 표현되며, 이는 군집 내 비중과 군집 간 비중을 곱한 결과로 나타난다.

코드 7.5 군집 간 최적 배분

```
winter=pd.Series(minVarPort(cov2).flatten, index=cov2.index)
wAII0=wintra.mul(winter, axis=1).sum(axis=1).sort_index()
```

7.7 실험 결과

7.7절에서는 NCO 알고리즘을 통제된 실험에 적용하고, 그 성능을 마코위츠의 접근법과 비교한다. 2장에서와 마찬가지로 제약 없는 효율적 프론티어의 어떤 구성 포트폴리오도 효율적 프론티어의 두 가지 특성 포트폴리오, 즉 최소 분산 포트폴리오와 최대 샤프 비율 포트폴리오의 볼록 조합으로 도출될 수 있기 때문에(분리 정리^{separation theorem}로 알려져 있는 결과) 이들에 대해 논의한다.

코드 7.6은 앞서 소개한 NCO 알고리즘을 구현한다. 인수 mu가 None이면 최소 분산 포트폴리오를 반환하는 반면, mu가 None이 아닌 경우 optPort_nco 함수는 최대 샤프 비율 포트폴리오를 반환한다.

코드 7.6 NCO 알고리즘을 구현하는 함수

```
def optPort_nco(cov,mu=None,maxNumClusters=None):
  cov=pd.DataFrame(cov)
  if mu is not None:mu=pd.Series(mu[:,0])
  corr1=cov2corr(cov)
  corr1,clstrs,_=clusterKMeansBase(corr1,maxNumClusters, n_init=10)
  wIntra=pd.DataFrame(0,index=cov.index,columns=clstrs.keys())
  for i in clstrs:
    cov_=cov.loc[clstrs[i],clstrs[i]].values
    if mu is None:mu_=None
    else:mu_=mu.loc[clstrs[i]].values.reshape(-1,1)
    wIntra.loc[clstrs[i],i]=optPort(cov_,mu_).flatten()
  cov_=wIntra.T.dot(np.dot(cov,wIntra)) # reduce covariance matrix
  mu_=(None if mu is None else wIntra.T.dot(mu))
  wInter=pd.Series(optPort(cov_,mu_).flatten(),index=cov_.index)
  nco=wIntra.mul(wInter,axis=1).sum(axis=1).values.reshape(-1,1)
  return nco
```

7.7.1 최소 분산 포트폴리오

코드 7.7은 50개 증권 포트폴리오의 전형적 버전을 나타내는 랜덤 평균 벡터와 랜덤 공분산 행렬을 생성하며, 군집 내 상관관계가 0.5인 10개 블록으로 그룹화한다. 이 벡터와 행렬은 관측치를 생성하는 '실제' 프로세스의 특성을 나타낸다.[3] 다른 파라미터를 사용해 여러 시행 결과를 재현하고 비교하기 위한 시드seed를 설정했다. 함수 formTrueMatrix는 2장에서 선언됐다.

코드 7.7 데이터-생성 프로세스

```
nBlocks,bSize,bCorr =10,50,.5
np.random.seed(0)
mu0,cov0=formTrueMatrix(nBlocks,bSize,bCorr)
```

코드 7.8은 simCovMu 함수를 사용해 실제 프로세스에서 도출된 1,000개의 관측치를 기반으로 랜덤 경험적 평균 벡터와 랜덤 경험적 공분산 행렬을 시뮬레이션한다(2장에 명시됨). shrink=True일 때 경험적 공분산 행렬은 르드와-울프의 축소 방법을 따른다. 경험적 공분산 행렬을 사용해 함수 optPort(2장에서도 선언됨)는 마코위츠에 따른 최소 분산 포트폴리오를 추정하며, 함수 optPort_nco는 NCO 알고리즘을 적용해 최소 분산 포트폴리오를 추정한다. 이 절차는 1,000개의 서로 다른 랜덤 경험적 공분산 행렬에 반복된다. minVarPortf=True이면 랜덤 경험적 평균 벡터는 사용되지 않는다는 점을 주목하자.

3　실제적 응용에 있어 {u, V}를 시뮬레이트할 필요가 없다. 왜냐하면 이들 입력은 관찰된 데이터로부터 추정되기 때문이다. 독자들은 관찰된 {u, V}의 쌍에 대해 이 실험을 반복할 수 있으며, 이들 특정 입력에 대해 다른 최적화 방법의 추정 오차를 몬테카를로를 통해 평가할 수 있으며, 이를 기반으로 어떤 방법이 특정 입력에 대해 가장 강건한 추정치를 산출하는지 발견할 수 있다.

코드 7.8 경험적 평균 벡터와 공분 행렬 추출

```
nObs,nSims,shrink,minVarPortf=1000,1000,False,True
np.random.seed(0)
for i in range(nSims):
  mu1,cov1=simCovMu(mu0,cov0,nObs,shrink=shrink)
  if minVarPortf:mu1=None
  w1.loc[i]=optPort(cov1,mu1).flatten()
  w1_d.loc[i]=optPort_nco(cov1,mu1,
    int(cov1.shape[0]/2)).flatten()
```

코드 7.9는 실제 공분산 행렬에서 파생된 실제 최소 분산 포트폴리오를 계
산한다. 그런 배분을 벤치마크로 사용해 모든 비중에 대한 루트 평균 제곱근
오차 RMSE, Root-Mean-Square Error 를 계산한다. 코드 7.9를 축소한 경우와 아닌
경우를 실행할 수 있으므로 표 7.1에 표시된 네 가지 조합을 얻을 수 있다.

코드 7.9 배분 오차의 추정

```
w0=optPort(cov0,None if minVarPortf else mu0)
w0=np.repeat(w0.T,w1.shape[0],axis=0) # 참 배분
rmsd=np.mean((w1-w0).values.flatten()**2)**.5 # RMSE
rmsd_d=np.mean((w1_d-w0).values.flatten()**2)**.5 # RMSE
```

표 7.1 최소 분산 포트폴리오에 대한 RMSE

	마코위츠	NCO
원	7.95E-03	4.21E-03
축소	8.89E-03	6.74E-03

NCO는 마코위츠 RMSE의 52.98%인 최소 분산 포트폴리오를 계산한다.
즉 RMSE의 47.02%가 감소한다. 르드와-울프 축소법은 RMSE를 감소시
키는데 도움을 주는데, 그 감소는 11.81% 정도로 상대적으로 적다. 축소와
NCO를 결합하면 RMSE가 15.30% 감소하는데, 이는 축소보다는 낮지만
NCO보다 못하다.

NCO가 마코위츠 해보다 훨씬 낮은 RMSE를 50개 증권으로 구성된 소규모 포트폴리오에서도 제공하고 있으며, 축소법은 아무런 가치가 더하지 않는다는 것을 시사한다. NCO의 장점은 더 큰 포트폴리오에 더 커진다는 것을 테스트하는 것은 쉽다(이는 연습으로 남긴다).

7.7.2 최대 샤프 비율 포트폴리오

minVarPortf=False를 설정하고, 코드 7.8과 7.9를 다시 실행해 최대 샤프 비율 포트폴리오와 관련된 RMSE를 도출할 수 있다. 표 7.2는 이 실험의 결과를 보고한다.

NCO는 마코위츠 RMSE의 45.17%로 최대 샤프 비율 포트폴리오를 계산한다. 즉 RMSE의 54.83%가 감소한다. 축소법과 NCO의 조합은 최대 샤프 비율 포트폴리오의 RMSE를 18.52% 감소해 축소법보다는 낮지만 NCO보다는 나쁘다. 다시 말하지만, NCO는 마코위츠의 해보다 훨씬 낮은 RMSE를 제공하며, 축소법은 가치를 더하지 않는다.

표 7.2 최대 샤프 비율 포트폴리오에 대한 RMSE

	마코위츠	NCO
원	7.02E-02	3.17E-02
축소	6.54E-02	5.72E-02

7.8 결론

마코위츠의 포트폴리오 최적화 프레임워크는 수학적으로 정확하지만, 그것의 실제 적용은 수치적인 문제로 어려움을 겪고 있다. 특히 금융 공분산 행렬은 잡음과 신호 때문에 조건 수가 높게 나타난다. 이러한 공분산 행렬의 역행렬은 추정 오차를 확대해서 불안정한 해법으로 이어진다. 관측 행렬에서 몇 개의 행을 변경하면 완전히 다른 배분이 발생할 수 있다. 배분 추정기가 불편성을 갖더라도 이러한 불안정한 해와 관련된 분산은 큰 거래 비용으로 이어져 수익성의 많은 부분을 없앨 수 있다.

7장에서는 마코위츠의 불안정 문제의 근원을 상관 행렬의 고유값 함수의 모양으로 추적해 봤다. 수평적 고유값 함수는 마코위츠의 프레임워크에 이상적이다. 증권 군집이 나머지 투자 유니버스에 비해 그들 사이에 더 큰 상관관계를 보이는 금융에서 고유값 함수는 수평이 아니며, 이는 다시 높은 조건 수의 원인이 된다. 잡음이 아니라 신호가 이런 유형의 공분산 불안정의 원인이다.

최적화 문제를 군집당 하나의 최적화를 계산하고 모든 군집에 걸쳐 하나의 최종 최적화를 계산하는 식으로 몇 가지 문제로 나눠 이러한 불안정성을 다루고자 NCO 알고리즘을 도입했다. 각 증권은 각각 하나의 군집에만 속하기 때문에 최종 배분은 군집 내와 군집 간 비중의 곱이다. 실험 결과는 이러한 이중 군집화 접근법이 마코위츠의 추정 오류를 현저하게 줄일 수 있다는 것을 보여 준다. NCO 알고리즘은 유연하며 블랙-리터맨$^{Black-Litterman}$, 축소법, 역최적화 또는 제약 없는 최적화 접근법과 같은 다른 프레임워크와 결합해 활용할 수 있다. NCO를 일반 최적화 문제를 하위 문제로 나누는 전략으로 생각할 수 있으며, 이는 연구자가 선호하는 방법으로 해결할 수 있다.

다른 많은 머신러닝 알고리즘과 마찬가지로 NCO는 유연하고 모듈적이다. 예를 들어, 상관 행렬이 군집 내에 군집이 있는 강력한 계층 구조를 보이는 경우 행렬의 트리 같은 구조를 모방해 각 군집과 하위 군집 내에서 NCO 알고리즘을 적용할 수 있다. 목표는 트리의 각 수준에서 수치적 불안정성을 억제해 하위 군집 내의 불안정성이 상위 군집 또는 나머지 상관 행렬로 확장되지 않도록 하는 것이다.

7장에 요약된 몬테카를로 접근 방식을 따라 특정 입력 변수 집합에 대한 다양한 최적화 방법에 의해 생성된 배분 오차를 추정할 수 있었다. 그 결과로 어떤 방법이 특정한 경우에 가장 강건한지에 대해 정확하게 결정할 수 있었다. 따라서 항상 하나의 특정 접근법에 의존하기보다는 특정 환경에 가장 적합한 최적화 방법을 기회적으로 적용할 수 있다.

7.9 연습문제

1. 코드 7.3에 주음 제거 단계를 추가하고, 7.7절에서 수행한 실험 분석을 반복한다. NCO의 성과가 추가적으로 개선될 것으로 보이는가? 그 이유는?

2. 2장에 나열된 getRndCov 함수를 사용해 이번에는 군집 구조 없이 공분산 행렬을 생성하는 7.7절을 반복한다. 이때 질적으로 다른 결론에 도달하는가? 그 이유는?

3. 7.7절을 반복하는데 이번에는 minVarPort 함수를 베일리와 로페즈 데 프라도(2013)에 나열된 CLA 클래스로 교체하라.

4. 크기 10의 공분산 행렬과 크기 100의 공분산 행렬에 대해 7.7절을 반복하라. 문제의 크기 함수로서 NCO의 결과가 마코위츠와 어떻게 비교되는가?

5. 7.7절을 반복하는데 이번에는 maxNumClusters 인수를 2와 같은 매우 작은 값으로 설정해 의도적으로 clusterKMeansBase 알고리즘이 잘못되게 유도하라. NCO 해는 얼마나 악화되는가? 어떻게 마코위츠의 해보다 NCO가 (10개 대신) 2개의 군집만 있어도 훨씬 더 좋은 성능을 발휘할 수 있을까?

08
테스트셋 과적합

8.1 동기 부여

이 책 전반에 걸쳐 몬테카를로 실험을 통해 머신러닝 해법의 성질을 연구했다. 몬테카를로 시뮬레이션은 수학에서 물리과학의 통제된 실험과 유사하게 작용한다. 그것들은 통제된 조건에서 다양한 추정기와 절차의 수학적 특성에 관한 결론에 도달할 수 있게 해준다. 실험 조건을 통제할 수 있는 능력을 갖는 것은 인과적 추론을 할 수 있는 데 필수적이다.

백테스트는 과거에 투자 전략이 어떻게 수행됐는지를 역사적으로 시뮬레이션한 것이다. 이것은 통제된 실험이 아니다. 왜냐하면 환경 변수를 변경해 독립된 백테스트를 수행할 새로운 역사적 시계열을 도출할 수 없기 때문이다. 결과적으로 백테스트는 전략을 성공시키는 정확한 인과 효과 메커니즘을 도출하는 데 도움을 줄 수 없다.

투자 전략에 대한 통제된 실험을 일반적으로 수행할 수 없는 것은 기술적 불편 그 이상이다. 전략 개발의 맥락에서 우리가 가진 전부는 (상대적으로 짧고, 계열 상관이 있고, 다중 공선성 및 아마도 비정상성을 가진) 역사적 시계열이다. 연구자는 복수의 과거 시뮬레이션을 수행하고 최상의 수행 전략을 선택함으로써 백테스트를 과적합하기 쉽다(Bailey et al. 2014). 연구원이 과적합 백테스트를 단일 시험의 결과로 제시하면 시뮬레이션 성과가 부풀려진다. 이러한 형태의 통계적 부풀림을 다중 테스트하에서의 선택 편향 SBuMT, Selection Bias under Multiple Testing이라고 부른다. SBuMT는 잘못된 발견을 유도한다. 즉 백테스트에서는 복제할 수 있지만, 실제로 구현될 때 실패하는 전략이다.

설상가상으로 SBuMT는 많은 자산 운용 매니저들에게서, 즉 (1) 각 연구자가 수백만 개의 시뮬레이션을 실행하고, 상사에게 최상의 (과대적합된) 결과를 제시하며, (2) 회사는 연구원들이 제출한 (이미 과대적합된) 백테스트 중 몇 개의 백테스트를 추가로 선택한다. 여기서 (연구자 수준에서 발생하는) 백테스트 과대적합과 구별하고자 이를 백테스트 초과대적합backtest hyperfitting이라고 부를 것이다.

SBuMT에서 비롯된 거짓 발견을 밝혀 내는 데 필요한 미래(샘플 외) 정보를 수집하는 데 수십 년이 걸릴 수 있다. 8장에서는 연구자들이 자신의 발견에 SBuMT가 미치는 영향을 어떻게 추정할 수 있는지 연구한다.

8.2 정밀도와 재현율

투자 전략들을 고려하자. 이들 전략 중 일부는 기대 수익이 양이 아니라는 점에서 잘못된 발견이다. 이러한 전략들을 참(s_T)과 거짓(s_F)으로 분해할 수 있다. 여기서 $s = s_T + s_F$. θ를 거짓 전략에 대한 참된 전략의 승산비라 하면 $\theta = s_T/s_F$다. 금융경제학처럼 신호 대 잡음 비율이 낮은 분야에서는 거짓 전략이 난무해 θ은 낮을 것으로 예상된다. 참 투자 전략의 수는 다음과 같다.

$$s_T = s\frac{s_T}{s_T + s_F} = s\frac{\frac{s_T}{s_F}}{\frac{s_T+s_F}{s_F}} = s\frac{\theta}{1 + \theta}$$

마찬가지로 거짓 투자 전략의 수는 다음과 같다.

$$s_F = s - s_T = s\left(1 - \frac{\theta}{1+\theta}\right) = s\frac{1}{1+\theta}$$

거짓 양성률 α(1종 오류)가 주어졌을 때 거짓 양성의 수 $FP = \alpha s_F$와 참 음성의 수 $TN = (1-\alpha)s_F$를 구할 수 있다. β를 이 α와 연관된 거짓 음성률(2종 오류)이라고 표기하자. 거짓 음성의 수 $FN = \beta s_T$와 참 양성의 수 $TP = (1-\beta)s_T$를 구할 수 있다. 따라서 이 경우 정밀도precision와 재현율recall은 다음과 같다.

$$정밀도 = \frac{TP}{TP+FP} = \frac{(1-\beta)s_T}{(1-\beta)s_T + \alpha s_F}$$

$$= \frac{(1-\beta)s\frac{\theta}{1+\theta}}{(1-\beta)s\frac{\theta}{1+\theta} + \alpha s\frac{1}{1+\theta}} = \frac{(1-\beta)\theta}{(1-\beta)\theta + \alpha}$$

$$재현율 = \frac{TP}{TP+FN} = \frac{(1-\beta)s_T}{(1-\beta)s_T + \beta s_T} = 1 - \beta$$

전략에 대한 백테스트를 실행하기 이전에 연구자는 전략이 실제로 존재하는지의 증거를 수집해야 한다. 이유는 테스트의 정밀도가 승산비odds ratio θ의 함수이기 때문이다. 만약 승산비가 낮으면 높은 신뢰도로 (낮은 p-값) 양성을 얻어도, 정밀도가 낮을 것이다.[1] 특히 전략은 만약 $(1-\beta)\theta < \alpha$라면 참보다 거짓이기 쉽다.

예를 들어, 백테스트 전략이 수익성이 있을 확률이 0.01이라고 가정하자. 즉 100개의 전략 중 하나가 참이고 따라서 $\theta = 1/99$이다. 그러면 $\alpha = 0.05$와 $\beta = 0.2$의 표준 임계값에서 연구자들은 1,000개의 시행에서 대략 58개의 양성을 얻을 것으로 예상한다. 여기서 대략 8개가 참 양성이고, 대략 50개가[2] 거짓 양성이다. 이런 상황에서 0.05의 p-값은 86.09% (대략 50/58)의

---

[1] 이 논의는 6장에서 도달했던 동일한 결론에 이르게 한다. p-값은 오히려 무정보 확률을 보고한다. 통계적 테스트가 높은 신뢰도(낮은 p-값)와 낮은 정밀도를 가질 수 있다.

[2] 참 양성 8개는 (총시행수)×(양성 기대 확률)×(1 - 거짓 음성률) = 1000×(1/100)×(1-0.2) = 8로 구해지고, 거짓 양성 50개는 (총시행수)×(음성 기대 확률)×(거짓 양성 확률) = 1000×(99/100)×0.05 = 49.5로 구해진다. – 옮긴이

거짓 발견율을 의미한다. 바로 이 이유로 금융 경제에서의 대부분의 발견
은 거짓일 가능성이 높다고 예상한다.

8.3 다중 테스트하의 정밀도와 재현율

한 번 시행 후 1종 오류를 범할 확률은 α다. 테스트를 거짓 양성 확률 α로
테스트를 두 번째 반복한다고 가정한다. 각 시행에서 1종 오류를 하지 않
을 확률은 $(1-\alpha)$이다. 만약 두 시행이 독립이면 첫째와 둘째 시행에서 1
종 오류를 저지르지 않을 확률은 $(1-\alpha)^2$이다. 적어도 하나의 1종 오류를
저지를 확률은 보수인 $1-(1-\alpha)^2$이다. 만약 K 독립 시행을 실행하면 하
나의 1종 오류도 하지 않을 결합 확률은 $(1-\alpha)^K$이다. 따라서 적어도 하나
의 1종 오류를 범할 확률은 이의 보수^{complement}인 $\alpha_K = 1-(1-\alpha)^K$다. 이는
또한 군별 오차율[3]로 알려져 있다.

한 번 시행 후 2종 오류를 범할 확률은 β다. K 독립 시행 후 모든 시행에서
2종 오류를 범할 확률은 $\beta_K = \beta^K$다. FWER과의 차이를 주목하라. 거짓 양
성의 경우에는 적어도 하나의 오류를 범할 확률에 관심을 갖는다. 이는 단
하나의 거짓 경보도 실패이기 때문이다. 그러나 거짓 음성의 경우에는 모
든 양성을 놓치는 확률에 관심을 갖는다. K가 증가함에 따라 α_K는 증가하
고 β_K는 감소한다.

다중 테스트를 조정한 정밀도와 재현율은 다음과 같다.

$$\text{정밀도} = \frac{(1-\beta_K)\theta}{(1-\beta_K)\theta + \alpha_K} = \frac{(1-\beta^K)\theta}{(1-\beta^K)\theta + 1 - (1-\alpha)^K}$$

$$\text{재현율} = 1 - \beta_K = 1 - \beta^K$$

---

3 여러 가설 중 하나라도 잘못 기각할 확률이며, 집단별 오류율이라고도 한다. - 옮긴이

8.4 샤프 비율

금융 분석은 일반적으로 정밀도와 재현율 관점에서 전략의 성과를 평가하지 않는다. 전략 성과의 가장 일반적인 측도는 샤프 비율이다. 다음에 전략이 거짓일 확률 평가하는 프레임워크를 개발할 것이다. 입력으로 발견 과정 동안 포착된 메타데이터와 함께 샤프 비율 추정치를 사용한다.[4]

초과 수익률(또는 리스크 프리미엄)이 $\{r_t\}$, $t = 1,\dots,T$인 전략을 고려하자. 여기서 $\{r_t\}$은 독립 동일 분포[IID]이고 정규 분포를 갖는다.

$$r_t \sim \mathcal{N}[\mu, \sigma^2]$$

여기서 $\mathcal{N}[\mu, \sigma^2]$는 평균 μ이고 분산 σ^2인 정규 분포다. 샤프(Sharpe 1966, 1975, 1994)를 따라서 이와 같은 전략의(비연율화된) 샤프 비율은 다음과 같이 정의된다.

$$SR = \frac{\mu}{\sigma}$$

파라미터 μ와 σ를 모르기 때문에 SR은 다음과 같이 추정된다.

$$\widehat{SR} = \frac{E[\{r_t\}]}{\sqrt{V[\{r_t\}]}}$$

수익률이 IID 정규 분포라는 가정하에 로(Lo 2002)는 $\widehat{SR}$의 점근 분포를 다음과 같이 도출했다.

$$\left(\widehat{SR} - SR\right) \xrightarrow{a} \mathcal{N}\left[0, \frac{1 + \frac{1}{2}SR^2}{T}\right]$$

---

4 아마도 분석가는 샤프 비율 대신 정밀도와 재현율을 사용해야만 한다. 그러나 이는 요점을 넘는 것이다. 위상 수학자, 집합 이론가, 대수 기하학자 등과 달리 금융 수학자들은 해결하고자 하는 문제의 틀을 짜는 사치를 거의 갖고 있지 않다.

그러나 실증적 증거는 헤지 펀드 수익률이 상당한 음의 왜도[skewness]와 양의 초과 첨도[kurtosis]를 보인다(특히 브룩스와 캣(Brooks and Kat 2002)과 잉거솔 등 (Ingersoll et al, 2007)을 참고하자). 수익률이 IID 정규라고 잘못 가정하면 거짓 양성 확률을 매우 과소 추정할 수 있다.

수익률이 IID 비정규 분포로부터 추출된다는 가정하에 머텐즈(Mertens 2002)는 $\widehat{SR}$을 다음과 같이 도출했다.

$$\left(\widehat{SR} - SR\right) \xrightarrow{a} \mathcal{N}\left[0, \frac{1 + \frac{1}{2}SR^2 - \gamma_3 SR + \frac{\gamma_4 - 3}{4}SR^2}{T}\right]$$

여기서 γ_3는 $\{r_t\}$의 왜도이고, γ_4는 $\{r_t\}$의 첨도다(수익률이 정규 분포를 따를 때 $\gamma_3 = 0$이고, $\gamma_4 = 3$이다). 곧 크리스티(Christie 2005)와 옵다이크(Opdyke 2007)는 실제로 수익률이 정상성을 갖고 에르고딕[ergodic]인 더 일반적인 가정하에서도 머텐즈의 식이 유효하다는 것을 발견했다. 주요 발견은 수익률이 비정규 분포이더라도 $\widehat{SR}$는 여전히 정규 분포를 따른다는 것이다. 하지만 분산은 수익률의 왜도와 첨도에 부분적으로 의존한다.

8.5 '거짓 전략' 정리

연구자는 수많은 역사적 시뮬레이션(반복 시행)을 실행하고, 최상의 결과(최대 샤프 비율)만을 보고할 수 있다. 최대 샤프 비율의 분포는 반복 시행 중 랜덤하게 선택한 샤프 비율의 분포와 같지 않으며, 따라서 SBuMT를 산출한다. 한 번 이상의 시행이 일어날 때 최대 샤프 비율의 기대값은 랜덤 시행으로부터의 샤프 비율의 기대값보다 크다. 특히 기대 샤프 비율이 0이고 0이 아닌 분산을 가진 투자 전략이 주어졌을 때 최대 샤프 비율의 기대값은 0보다 큰 양수이고, 시행 수의 함수다.

따라서 SBuMT의 크기는 최대 샤프 비율의 기대값과 랜덤 시행으로부터의 샤프 비율의 기대값의 차이(거짓 전략의 경우 0이다)로 표현할 수 있다.

SBuMT는 두 변수, 즉 시행 수와 시행에 걸친 샤프 비율의 분산의 함수라는 것이 밝혀진다. 다음 정리는 공식적으로 이 관계를 설명한다. 증명은 부록 B에 있다.

정리: 독립이고 동일한 가우시안 분포의 $\widehat{SR}_k \sim \mathcal{N}[0, V[\widehat{SR}_k]]$로부터 추출된 추정된 성과 통계량 $\{\widehat{SR}_k\}$, $k = 1,..,K$의 샘플이 주어질 때 다음이 성립한다.

$$\mathrm{E}\left[\max_k \{\widehat{SR}_k\} \right] \left(\mathrm{V}\left[\{\widehat{SR}_k\} \right] \right)^{-\frac{1}{2}} \approx (1 - \gamma)Z^{-1}\left[1 - \frac{1}{K} \right] + \gamma Z^{-1}\left[1 - \frac{1}{Ke} \right]$$

여기서 $Z^{-1}[.]$는 표준 가우시안 CDF의 역함수이고, $\mathrm{E}[.]$는 기대값, $\mathrm{V}[.]$는 분산, e는 오일러 수$^{\text{Euler's number}}$이고, γ는 오일러-마스체로니 상수$^{\text{Euler-Mascheroni constant}}$다.

8.6 실험 결과

거짓 전략 정리는 기대 최대 샤프 비율의 근사치를 제공한다. 이 정리의 실험 분석은 두 가지 레벨에서 유용하다. 첫째, 실험 분석은 정리가 참이 아니라는 증거를 발견할 수 있게 하며, 실제로 그 증명은 결함이 있다. 물론 역은 사실이 아니다. 실험 증거는 결코 수학 증명의 역할을 대체할 수는 없지만, 여전히 증명의 문제를 지적할 수 있고, 증명이 어떻게 돼야만 하는지를 더 깊이 이해할 수 있다. 둘째, 정리는 근사치에 대한 상하한을 제공하지 않는다. 실험 분석은 근사 오차의 분포를 추정할 수 있게 한다.

다음 몬테카를로 실험은 거짓 전략 정리의 정확도를 평가한다. 첫째, 주어진 값 $(K, V[\{\widehat{SR}_k\}])$에 대해 크기 (SxK)의 랜덤 배열을 생성한다. 여기서 S는 몬테카를로 실험의 수다. 이 랜덤 배열에 의해 포함된 값은 표준 정규 분포로부터 추출된다. 둘째, 이 배열의 행은 평균 0을 중심으로 하고 평균 0과 $V[\{\widehat{SR}_k\}]$에 일치되도록 스케일링된다. 셋째, 각 행에 걸쳐 최대값 $\max_k\{\widehat{SR}_k\}$이 계산되고, 이는 S개수의 이와 같은 최대값을 산출한다. 넷째,

S개의 최대값에 걸쳐 평균값 $\hat{E}[\max_k\{\widehat{SR}_k\}]$을 계산한다. 다섯째, 이 기대 최대값 SR의 경험적(몬테카를로) 추정치 SR은 거짓 전략 정리에 의해 제공된 분석적 해 $E[\max_k\{\widehat{SR}_k\}]$와 비교된다. 여섯째, 추정 오차는 다음같이 예측값에 대한 상대적인 비율로 정의된다.

$$\varepsilon = \frac{\hat{E}[\max_k\{\widehat{SR}_k\}]}{E[\max_k\{\widehat{SR}_k\}]} - 1$$

일곱째, 이전 단계를 R번 반복해 추정 오차 $\{\varepsilon_r\}_{r=1,\dots,R}$를 산출해 K 시행에 연관된 추정 오차의 평균과 표준 편차를 계산한다. 코드 8.1은 파이썬으로 이 몬테카를로 실험을 구현한다.

코드 8.1 거짓 전략 정리의 실험 검증

```python
import numpy as np, pandas aspd
from scipy.stats import norm, percentileofscore
#----------------------------------------------------------------------
def getExpectedMaxSR(nTrials, meanSR, stdSR):
  # 기대 최대 SR, SBuMT를 위해 통제
  emc=0.5772156649015328606065120900824024310421 59336
  sr0=(1-emc)*norm.ppf(1-1./nTrials)+emc*norm.ppf(1-(nTrials*np.e)**-1)
  sr0=meanSR+stdSR*sr0
  returnsr0
#--------------------------------------------------
def getDistMaxSR(nSims, nTrials, stdSR, meanSR):
  # nSimssimulations으로부터 nTrails에 대한 max{SR}의 몬테카를로
  rng=np.random.RandomState()
  out=pd.DataFrame()
  for nTrials_innTrials:
    #1) 시뮬레이션으로부터의 샤프 비율
    sr=pd.DataFrame(rng.randn(nSims,nTrials_))
    sr=sr.sub(sr.mean(axis=1),axis=0) # 중심
    sr=sr.div(sr.std(axis=1),axis=0) # 스케일링
    sr=meanSR+sr*stdSR
    #2) 출력을 저장
    out_=sr.max(axis=1).to_frame('max{SR}')
    out_['nTrials']=nTrials_
```

```
    out=out.append(out_,ignore_index=True)
  return out
#----------------------------------------------------
if __name__ =='__main__':
  nTrials = list(set(np.logspace(1,6,1000).astype(int))); nTrials.sort()
  sr0=pd.Series({i:getExpectedMaxSR(i, meanSR=0, stdSR=1) \
    for i in nTrials})
  sr1=getDistMaxSR(nSims=1E3, nTrials=nTrials, meanSR=0, stdSR=1)
```

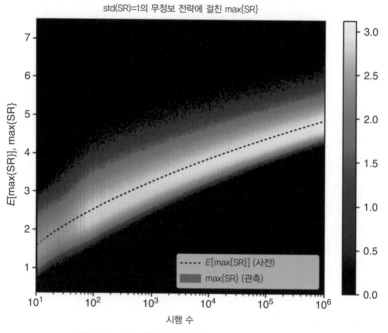

그림 8.1 거짓 전략 정리의 실험 결과와 이론 결과의 비교

그림 8.1은 넓은 범위(그림에서 2와 100만 사이)에 대해 이 실험으로부터의 결과를 시각화한다. $V[\{\widehat{SR}_k\}] = 1$와 어떤 주어진 수 K번의 시행에 대해서 1만 번 최대 샤프 비율을 시뮬레이션을 실행해 최대 샤프 비율의 분포를 도출한다. y축은 참 샤프 비율이 0일 때 K 시행의 각 수치(x축)에 대한 최대 샤프 비율 $\max_k\{\widehat{SR}_k\}$의 분포를 보인다. 더 높은 확률의 가진 결과는 더 밝은 색깔을 받는다. 예를 들어, 만약 1,000번을 시행하면 전략의 참 샤

프 비율이 0이라도 최대 샤프 비율의 기대값 ($E[\max_k\{\widehat{SR}_k\}]$)은 3.26이다. 예상대로 더 많은 백테스트를 실행할 때 연구자가 넘어야 할 더 높은 허들 hurdle이 존재한다. 이들 실험 결과와 점선으로 대표되는 거짓 전략 정리에 의해 예측되는 결과를 비교한다. 두 결과(실험과 이론)의 비교는 거짓 전략 정리가 연구된 시행의 범위에 대해 최대 SR의 기대값을 정확하게 추정한다는 것을 지적하는 듯하다.

이제 초점을 정리의 근사치에 대한 정밀도를 평가하는 데로 돌리자. 근사 오차를 (1,000번의 시뮬레이션을 기반으로 하는) 실험 예측과 정리 예측의 차이를 정리 예측으로 나누는 것으로 정의한다. 그러고 나서 K시행의 각각에 대해 이들 추정 오차를 100번씩 다시 평가해 오차의 평균과 표준 편차를 도출한다. 코드 8.2는 정리의 정밀도를 평가하는 두 번째 몬테카를로 실험을 구현한다.

코드 8.2 정밀도 오차의 평균과 표준 편차

```
def getMeanStdError (nSims0, nSims1, nTrials, stdSR=1, meanSR=0):
  # nTrials마다 오차의 표준 편차를 계산한다.
  # nTrials: [{SR}를 도출하고자 사용된 SR의 개수]
  # nSims0: E[max{SR}]를 추정하고자 사용된 max{SR}의 개수
  # nSims1: std가 계산된 오차의 개수
  sr0=pd.Series({i:getExpectedMaxSR(i,meanSR,stdSR) for i in nTrials})
  sr0=sr0.to_frame('E[max{SR}]')
  sr0.index.name='nTrials'
  err=pd.DataFrame()
  for i in xrange(int(nSims1)):
    sr1=getDistDSR(nSims=1E3,nTrials=nTrials,meanSR=0, stdSR=1)
    sr1=sr1.groupby('nTrials').mean()
    err_=sr0.join(sr1).reset_index()
    err_['err']=err_['max{SR}']/err_['E[max{SR}]']-1.
    err=err.append(err_)
  out={'meanErr':err.groupby('nTrials')['err'].mean()}
  out['stdErr']=err.groupby('nTrials')['err'].std()
  out=pd.DataFrame.from_dict(out,orient='columns')
  returnout
```

166

```
#---------------------------------------------------
if __name__=='__main__':
  nTrials=list(set(np.logspace(1,6,1000).astype(int))); nTrials.sort()
  stats=getMeanStdError(nSims0=1E3,nSims1=1E2, nTrials=nTrials,stdSR=1)
```

그림 8.2는 이 두 번째 실험으로부터의 결과를 그린다. 원은 여러 시행 수
치(x축)에 대해 계산한 예측값에 상대적인 평균 오차(y축)를 나타낸다. 이
결과로부터 거짓 전략 정리는 점근적으로 불편 추정량을 산출하는 듯하다.
단지 $K \approx 50$에서 정리의 추정치가 근사적으로 0.7% 실험값을 초과한다.

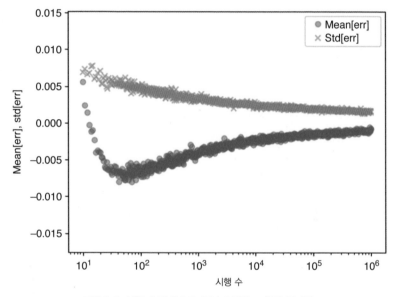

그림 8.2 시행 수의 함수로 근사 오차를 표현한 통계량

×표시는 여러 시행 수(x축)에 대해 도출한 오차의 표준 편차(y축)을 나타낸
다. 이 실험으로부터 표준 편차가 정리에 의해 예측된 값의 0.5% 아래로
상대적으로 작고, 시행 수가 증가함에 따라 더욱 작아지는 것을 알 수 있다.

8.7 축소 샤프 비율

거짓 전략 정리로부터의 주요 결론은 $\max_k\{\widehat{SR}_k\} \gg E[\max_k\{\widehat{SR}_k\}]$이 아니라면 발견된 전략은 거짓 양성이 될 가능성이 높다. 만약 $E[\max_k\{\widehat{SR}_k\}]$를 계산할 수 있으면 이 값을 이용해 전략의 성과가 통계적으로 유의하다는 결론을 내고자 기각해야만 하는 귀무가설 $H_0 = E[\max_k\{\widehat{SR}_k\}]$을 설정할 수 있다. 그다음 축소 샤프 비율^{deflated Sharpe ratio}(Bailey and López de Prado 2014)이 다음과 같이 도출될 수 있다.

$$\widehat{DSR} = Z\left[\frac{\left(\widehat{SR} - E\left[\max_k\{\widehat{SR}_k\}\right]\right)\sqrt{T-1}}{\sqrt{1 - \hat{\gamma}_3\widehat{SR} + \frac{\hat{\gamma}_4 - 1}{4}\widehat{SR}^2}}\right]$$

왜도, 첨도, 샘플 길이, 다중 테스트들을 조정한 후 $\widehat{DSR}$은 참 샤프 비율이 0이라는 귀무가설하에 $\widehat{SR}$보다 크거나 같은 샤프 비율을 관측할 확률로 해석할 수 있다. $\widehat{DSR}$의 계산은 $E[\max_k\{\widehat{SR}_k\}]$의 추정이 필요하고, 이는 K와 $V[\{\widehat{SR}_k\}]$의 추정이 필요하다. 이곳이 바로 머신러닝이 도움이 되는 곳이며, 다음에 설명한다.

8.7.1 유효 시행 수

거짓 전략 정리는 테스트 군^{family} 내에서 독립 시행 수를 아는 것을 요구한다. 그러나 금융 연구가가 독립 시행을 실행하는 것은 흔한 일이 아니다. 더욱 일반적인 상황은 연구자가 여러 전략을 시도하며, 각 전략에 대해 여러 번의 시행이 실행된다. 아마도 한 전략에 관련된 시행은 다른 전략보다 서로 더 높은 상관관계를 갖는다. 이러한 상관관계 패턴은 블록 상관관계 행렬로 시각화될 수 있다. 예를 들어, 그림 8.3은 군집화 전과 후의 동일한 투자 유니버스^{universe}에 대해 6,385번 시행 백테스트 수익률 간의 상관관계 행렬의 실제 예(이 예의 세부 묘사에 대해서는 로페즈 데 프라도(2019a)를 참고하자)를 그린다. ONC 알고리즘(4장)은 4개의 차별화된 전략의 존재를 발견한다. 따라서 이 예에서 E[K] = 4로 추정할 것이다. 이는 보수적인 추정치다.
왜냐하면 독립적인 전략의 참 개수 K는 낮은 상관관계의 전략의 수보다 작
아야만 하기 때문이다.

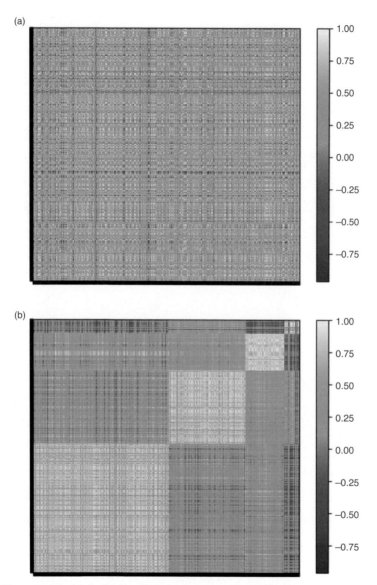

그림 8.3 군집화 이전과 이후 한 그룹의 전략 다중 테스트에 전형적인 6,385번 시행의 군집화.
출처: 로페즈 데 프라도(2019a)

8.7.2 시행 간 분산

8장에서 로페즈 데 프라도와 루이스(López de Prado and Lewis 2018)를 따른다. 위의 군집화를 끝내면 ONC는 성공적으로 N 전략을 K 그룹으로 분할한다. 이들 각각은 매우 상관관계가 높은 전략으로 구성된다. 더 나아가 이 군집화를 이용해 N 전략을 $K \ll N$ 군집 레벨의 전략으로 줄일 수 있다. 이들 '군집 전략'을 작성하면 $V[\{\widehat{SR}_k\}]$, $k = 1,...,K$에 대한 추정치를 도출할 수 있다.

주어진 군집 k에 대해 목적은 총 군집 수익률 시계열 $S_{k,t}$를 형성하는 것이다. 이는 합계를 위한 가중 방법의 선택이 필요하다. 좋은 후보자는 최소 분산 배분이다. 왜냐하면 이는 높은 분산을 가진 개별 시행이 군집 수익률을 지배하는 것을 방지하기 때문이다. C_k는 군집 k 내의 전략 집합을 표기하고, Σ_k는 C_k 내의 전략에 국한된 공분산 행렬, $r_{i,t}$는 전략 $i \in C_k$에 대한 수익률 시계열, 그리고 $w_{k,i}$는 전략 $i \in C_k$에 연관된 가중치다. 그러면 다음을 계산할 수 있다.

$$\{w_{k,i}\}_{i \in C_k} = \frac{\Sigma_k^{-1} 1_k}{1_k' \Sigma_k^{-1} 1_k}$$

$$S_{k,t} = \sum_{i \in C_k} w_{k,i} r_{i,t}$$

여기서 1_k는 $\|C_k\|$ 크기의 1들로 이뤄진 특성 벡터다. w_k를 계산하는 강건한 방법은 로페즈 데 프라도와 루이스(2018)에서 발견할 수 있다. 이제 계산된 군집 수익률 시계열 $S_{k,t}$로 각 SR을 추정한다($\widehat{SR}_k$). 그러나 이들 $(\widehat{SR}_k)$는 이들의 베팅 빈도가 다를 수 있으므로 아직 비교할 수 없다. 이들을 비교할 수 있도록 첫째 각각을 연율화해야만 한다. 따라서 매년의 평균 베팅 수를 계산한다.

$$\text{Years}_k = \frac{\text{Last Date}_k - \text{First Date}_k}{365.25}$$

$$\text{Frequency}_k = \frac{T_k}{\text{Years}_k}$$

여기서 T_k는 $S_{k,t}$의 길이(기간)고, First Date$_k$와 Last Date$_k$는 S_k에 대한 각각 첫째와 마지막 거래일이다. 이것으로 연율화된 샤프 비율^{aSR}을 다음과 같이 추정한다.

$$\widehat{\text{aSR}}_k = \frac{\text{E}[\{S_{k,t}\}]\text{Frequency}_k}{\sqrt{\text{V}[\{S_{k,t}\}]\text{Frequency}_k}} = \widehat{\text{SR}}_k \sqrt{\text{Frequency}_k}$$

이제 비교할 수 있는 이들 $\widehat{\text{aSR}}_k$를 갖고, 다음과 같이 군집화된 시행의 분산을 추정할 수 있다.

$$\text{E}[\text{V}[\{\widehat{\text{SR}}_k\}]] = \frac{\text{V}[\{\widehat{\text{aSR}}_k\}]}{\text{Frequency}_{k^*}}$$

여기서 Frequency$_{k^*}$는 선택한 군집 k^*의 빈도다. 위식은 (비연율화된) $\widehat{\text{SR}}$의 추정치의 빈도와 일치하고자 군집화된 시행의 추정된 분산을 선택한 전략의 빈도 관점에서 표현한다.

8.8 군별 오차율

8장에서 이제까지 거짓 전략 정리를 이용해 투자 전략이 거짓일 확률을 도출하는 법을 설명했다. 8장의 남은 부분에서 군별 오차율$^{familywise\ error\ rate}$의 개념에 의존하는 여러 방법을 논의한다.

표준 네이만-피어슨$^{Neyman-Pearson}$ 가설 검증 틀하에서 귀무가설이 참이라면 확률 α로 일어날 사건을 관측할 때 $(1-\alpha)$의 신뢰도로 귀무가설 H_0를 기각한다. 따라서 귀무가설을 잘못 기각할 확률(1종 오류)은 α다. 이는 거짓 양성 확률로 알려져 있다.

네이만과 피어슨(1933)이 이 프레임워크를 제안했을 때 이들은 다중 테스트를 하고 최고의 결과를 선택할 가능성을 고려하지 않았다. 8.2절에서 보듯이 테스트가 여러 번 반복될 때 결합된 거짓 양성 확률은 증가한다. 이에 따라 우리는 K개의 독립 테스트 '군^{family}'을 실행한 후 신뢰도 $(1 - \alpha)^K$로 H_0를 기각할 것이며, 따라서 '군' 거짓 양성 확률(또는 군별 오차율$^{FWER,\ Familywise}$ $^{Error\ Rate}$)은 $\alpha_K = 1 - (1 - \alpha)^K$이다. 이는 적어도 하나의 양성이 거짓일 확률이며, 이는 모든 양성이 거짓인 확률 $(1 - \alpha)^K$의 보수다.

8.8.1 시다크 조정

K 독립 테스트에 대한 FWER을 α_K로 설정하자. 그러면 개별 거짓 양성 확률은 위의 식으로부터 $\alpha = 1 - (1 - \alpha_K)^{1/K}$로 도출될 수 있다. 이는 다중 테스트에 대한 시다크 조정$^{Šidàk\ correction}$으로 알려져 있다(Šidàk 1967). 이는 테일러 전개의 첫째 항 $\alpha \approx \alpha_K / K$으로 근사될 수 있다(본페로니의 근사$^{Bonferroni's}$ ^{approximation}로 알려져 있다).

이전과 같이 ONC 알고리즘을 적용해 $\mathrm{E}[K]$를 추정할 수 있다. $\mathrm{E}[K]$ 시행들은 완벽한 무상관관계$^{perfectly\ uncorrelated}$를 갖고 있지 않지만, 알고리즘이 더 이상 줄일 수 없는 보수적인 최소 군집 수의 추정치를 제공한다. 이 $\mathrm{E}[K]$ 추정치로 시다크 조정을 적용할 수 있고, 다중 테스트하의 1종 오류 확률 α_K를 계산할 수 있다.

8.8.2 다중 테스트하의 1종 오류

크기 T의 수익률 시계열을 가진 투자 전략을 고려하자. 샤프 비율 $\widehat{SR}$를 추정하고, 이 추정치를 가설 테스트에 적용한다. 여기서 $H_0 : SR = 0$이고 $H_1 : SR > 0$이다. 이 테스트가 여러 번 적용될 때 거짓 양성 확률을 결정하고자 한다.

베일리와 로페즈 데 프라도(Bailey and López de Prado 2012)는 수익률이 정상성을 갖고 에르고딕일 때(반드시 IID 정규 분포일 필요는 없다) 참 샤프 비율이 주어진 임계값 SR*을 초과할 확률을 도출했다. 만약 참 샤프 비율이 SR*와 같을 때 통계량 $\hat{z}[SR^*]$는 점근적으로 표준 정규 분포를 갖는다.

$$\hat{z}[SR^*] = \frac{\left(\widehat{SR} - SR^*\right)\sqrt{T-1}}{\sqrt{1 - \hat{\gamma}_3\widehat{SR} + \frac{\hat{\gamma}_4-1}{4}\widehat{SR}^2}} \xrightarrow{a} Z$$

여기서 $\widehat{SR}$은 추정된(비연율화된) 샤프 비율이고, T는 관찰수, $\hat{\gamma}_3$는 수익률의 왜도이고 $\hat{\gamma}_4$는 수익률의 첨도다. 군별 1종 오류는 다음의 확률로 일어난다.

$$P\left[\max_k \{\hat{z}[0]_k\}_{k=1,\dots,K} > z_\alpha | H_0\right] = 1 - (1-\alpha)^K = \alpha_K$$

FWER α_K에 대해서 시다크 조정은 단일 시행 유의수준 $\alpha = 1 - (1-\alpha_K)^{1/K}$을 제공한다. 그러면 만약 $\max_k\{\hat{z}[0]_k\}_{k=1,\dots,K} > z_\alpha$이면 귀무가설은 신뢰도 $(1-\alpha_K)$로 기각된다. 여기서 z_α는 확률 α를 오른쪽으로 남기는 표준정규분포의 임계값이다. 즉 $z_\alpha = Z^{-1}[1-\alpha] = Z^{-1}[(1-\alpha_K)^{1/K}]$이다. $Z[.]$는 표준정규 분포의 CDF(누적 확률 분포)다.

반대로 다중 테스트하의 1종 오류(α_K)를 다음과 같이 도출할 수 있다. 첫째, 시행 간의 상관관계 행렬에 대해 군집화 절차를 적용해 군집 수익률 시계열과 $E[K]$를 추정한다. 둘째, 선택한 군집 수익률에 대해 $\hat{z}[0] = \max_k\{\hat{z}[0]_k\}_{k=1,\dots,K}$를 추정한다. 셋째, 단일 테스트에 대한 1종 오차 $\alpha = 1 - Z[\hat{z}[0]]$를 계산한다. 넷째, 다중 테스트 $\alpha_K = 1 - (1-\alpha)^K$를 조정해 다음을 산출한다.

$$\alpha_K = 1 - Z[\hat{z}[0]]^{E[K]}$$

수치적 예로 위의 계산을 예시해 보자. 1,000번을 시행한 후 1,250일(1년에 250일 관측으로 5년) 관측에 대해 계산된 샤프 비율 0.079(비연율화), 첨도

−3, 첨도 10의 투자 전략을 식별하자. 이 왜도와 첨도 수준은 일간 빈도로 샘플한 헤지 펀드 수익률에 전형적이다. 이들 입력으로부터 $\hat{z}[0] \approx 2.4978$ 와 $\alpha \approx 0.0062$를 도출한다. 이 1종 오류 확률에서 대부분의 연구자들은 귀무가설을 기각할 것이고, 새로운 투자 전략을 발견했다고 선언할 것이다. 그러나 이 α는 이 전략을 발견하고자 취한 $E[K]$의 시행이 조정되지 않았다. ONC 알고리즘을 적용하면 1,000번의 (상관관계가 있는) 시행으로부터 $E[K] = 10$의 유효한 독립 시행이 있다는 것을 결론낼 수 있다(다시 '유효한' 독립으로 10개의 군집이 완전히 독립이라는 것을 주장하지는 않는다). 그러면 조정된 FWER은 $\alpha_K \approx 0.0608$이다. 연율화된 샤프 비율이 약 1.25이지만, 이 전략이 거짓 발견일 확률이 상대적으로 높으며, 이는 다음의 두 가지 이유에 기인한다. (1) 시행 수. 만약 $E[K] = 1$이면 $\alpha_K = \alpha \approx 0.0062$이기 때문이다. (2) 수익률의 비정규성. 만약 수익률이 정규 분포이면 $\alpha_K \approx 0.0261$이기 때문이다. 예상대로 정규 분포를 잘못 가정하면 1종 오류 확률을 매우 과소평가하게 된다. 코드 8.3은 이들 결과를 복제하는 파이썬 코드를 제공한다.

코드 8.3 1종 오류 수치 예제

```python
import scipy.stats as ss
#---------------------------------------------------
def getZStat(sr,t,sr_=0,skew=0,kurt=3):
  z=(sr-sr_)*(t-1)**.5
  z/=(1-skew*sr+(kurt-1)/4.*sr**2)**.5
  return z
#---------------------------------------------------
def type1Err(z,k=1):
  #falsepositiverate
  alpha=ss.norm.cdf(-z)
  alpha_k=1-(1-alpha)**k # 다중 테스트 조정
  return alpha_k
#---------------------------------------------------
def main0():
  # 수치 예제
  t, skew, kurt, k,freq=1250,-3,10,10,250
```

```
  sr=1.25/freq**.5; sr_=1./freq**.5
  z=getZStat(sr,t,0,skew,kurt)
  alpha_k=type1Err(z,k=k)
  print alpha_k
  return
#--------------------------------------------------
if __name__=='__main__':main0()
```

8.8.3 다중 테스트하의 2종 오류

대립가설$(H_1 : \mathrm{SR} > 0))$이 참이고 $\mathrm{SR} = \mathrm{SR}^*$라고 가정하자. 그러면 FWER α_K에 연관된 테스트의 검정력^{power of test}은 다음과 같다.

$$\mathrm{P}[\max_k \{\hat{z}[0]_k\}_{k=1,\ldots,K} > z_\alpha | \mathrm{SR} = \mathrm{SR}^*]$$

$$= \mathrm{P}\left[\frac{\left(\widehat{\mathrm{SR}} + \mathrm{SR}^* - \mathrm{SR}^*\right)\sqrt{T-1}}{\sqrt{1 - \hat{\gamma}_3\widehat{\mathrm{SR}} + \frac{\hat{\gamma}_4-1}{4}\widehat{\mathrm{SR}}^2}} > z_\alpha | \mathrm{SR} = \mathrm{SR}^*\right]$$

$$= \mathrm{P}\left[\hat{z}[\mathrm{SR}^*] > z_\alpha - \frac{\mathrm{SR}^*\sqrt{T-1}}{\sqrt{1 - \hat{\gamma}_3\widehat{\mathrm{SR}} + \frac{\hat{\gamma}_4-1}{4}\widehat{\mathrm{SR}}^2}} | \mathrm{SR} = \mathrm{SR}^*\right]$$

$$= 1 - \mathrm{P}\left[\hat{z}[\mathrm{SR}^*] < z_\alpha - \frac{\mathrm{SR}^*\sqrt{T-1}}{\sqrt{1 - \hat{\gamma}_3\widehat{\mathrm{SR}} + \frac{\hat{\gamma}_4-1}{4}\widehat{\mathrm{SR}}^2}} | \mathrm{SR} = \mathrm{SR}^*\right]$$

$$= 1 - Z\left[z_\alpha - \frac{\mathrm{SR}^*\sqrt{T-1}}{\sqrt{1 - \hat{\gamma}_3\widehat{\mathrm{SR}} + \frac{\hat{\gamma}_4-1}{4}\widehat{\mathrm{SR}}^2}}\right] = 1 - \beta$$

여기서 $z_\alpha = Z^{-1}[(1-\alpha_K)^{1/K}]$이다. 따라서 개별 검정력은 SR^*, 샘플 길이와 왜도에 따라 증가하지만, 첨도에 따라 감소한다. 이 확률 $(1-\beta)$은 참 양성률 또는 재현율^{recall}로 또한 알려져 있다.

8.3절에서 군별 거짓 음성(오인) 확률을 모든 개별 양성을 놓칠 확률 $\beta_K = \beta^K$로 정의했다. 주어진 쌍 (α_K, β_K)에 대해서 $\mathrm{P}[\max_k\{\hat{z}[0]_k\}_{k=1,\ldots,K} > z_\alpha$

|SR = SR*] = 1 − β가 되도록 쌍 (α, β)를 도출하고, 내재 SR*값을 구할 수 있다. 이를 해석하면 FWER α_K에서 (1 − β_K)를 초과하는 군별 검정력을 달성하기 위해서는 참 샤프 비율이 SR*를 초과할 것을 요구한다. 다른 말로, 테스트는 내재 SR* 아래의 샤프 비율을 가진 참 전략을 탐지하기에 충분한 검정력을 갖지 못한다.

다중 테스트하의 2종 오류(β_K)를 다음과 같이 구할 수 있다. 첫째, 외생적으로 설정되거나 8.7절에서 설명한 바와 같이 추정된 FWER α_K가 주어졌을 때 이를 이용해 단일 테스트의 임계값 z_α를 계산한다. 둘째, 샤프 비율 SR*를 가진 전략을 놓칠 확률은 $\beta = Z[z_\alpha − \theta]$이다. 여기서 θ는 다음과 같다.

$$\theta = \frac{SR^*\sqrt{T-1}}{\sqrt{1 - \hat{\gamma}_3\widehat{SR} + \frac{\hat{\gamma}_4-1}{4}\widehat{SR}^2}}$$

셋째, 개별 거짓 음성 확률로부터 $\beta_K = \beta^K$를 모든 양성을 놓칠 확률로 도출한다.

위의 식들을 8.8.2절의 수치 예에 적용하자. 거기서 FWER은 $\alpha_K \approx 0.0608$이라고 추정했고, 이는 임계값 $z_\alpha \approx 2.4978$이라는 것을 의미한다. 이때 전략을 참 샤프 비율 SR$^* \approx 0.0632$로 놓칠 확률은 $\beta \approx 0.6913$이며 여기서 $\theta \approx$ 1.9982이다. 이 높은 2종 오류 확률은 이해할 만한다. 왜냐하면 테스트가 이와 같이 약한 시그널(연율화된 샤프 비율이 단지 1.0인)을 단 한 번 시행 후에 탐지할 정도로 강력하지 않기 때문이다. 그러나 10번을 시행했기 때문에 $\beta_K \approx 0.0249$이다. 테스트는 참 샤프 비율 SR$^* \geq 0.0632$인 전략을 97.5% 이상 탐지한다. 코드 8.4는 이들 결과를 복제하는 파이썬 코드를 제공한다 (getZStat과 type1Err 함수를 위해서는 코드 8.3을 참고하자.).

코드 8.4 2종 오류 수치 예제

```
def getTheta(sr,t,sr_=0,skew=0,kurt=3):
  theta=sr_*(t-1)**.5
  theta/=(1-skew*sr+(kurt-1)/4.*sr**2)**.5
```

```
    return theta
#--------------------------------------------------
def type2Err(alpha_k,k,theta):
   # 거짓 음성률
   z=ss.norm.ppf((1-alpha_k)**(1./k)) # 시타크 조정
   beta=ss.norm.cdf(z-theta)
   return beta
#--------------------------------------------------
def main0():
   # 수치 예제
   t,skew,kurt,k,freq=1250,-3,10,10,250
   sr=1.25/freq**.5; sr_=1./freq**.5
   z=getZStat(sr,t,0,skew,kurt)
   alpha_k=type1Err(z,k=k)
   theta=getTheta(sr,t,sr_,skew,kurt)
   beta=type2Err(alpha_k,k,theta)
   beta_k=beta**k
   print beta_k
   return
#--------------------------------------------------
if__name__=='__main__':main0()
```

8.8.4 1종과 2종 오류 간의 상호작용

그림 8.4는 α와 β의 상호관계를 예시한다. 위의 분포는 H_0가 참인 가정하에 $\widehat{SR}$ 확률 추정치를 모델링한 것이다. 아래의 분포(보이는 것을 쉽게 하도록 거꾸로 그려진)는 H_1가 참인 가정하에, 특히 $SR^* = 1$인 시라리오하에 $\widehat{SR}$ 확률 추정치를 모델링한 것이다. 샘플 길이, 왜도, 첨도는 이들 두 분포의 분산에 영향을 준다. 실제 추정치 $\widehat{SR}$가 주어졌을 때 이들 변수들은 확률 α와 β를 결정하며, 여기서 하나를 감소시키는 것은 다른 것을 증가시킨다. 대부분의 학술지 논문에서 저자들은 '위'의 분포에 초점을 맞추고 '아래'의 분포는 무시한다.

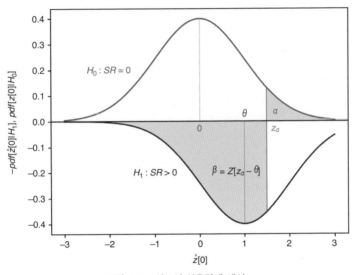

그림 8.4 α와 β의 상호관계 예시

2종 오류에 대해 도출한 분석적 해는 비록 $K = 1$인 경우와 같이 아주 단순하지는 않더라도 이 트레이드-오프가 α_K와 β_K에 존재한다는 것을 명확히 밝힌다. 그림 8.5는 고정 α_K에 대해 K가 증가함에 따라 α가 감소하고 z_α가 증가하고, 따라서 β가 증가하는 것을 보여 준다.

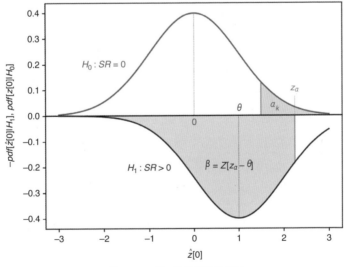

그림 8.5 α_K와 β의 상호관계 예시

그림 8.6은 다양한 α_K 수준에 대해 K가 증가함에 따른 β_K를 그린다. 비록 β가 K에 따라 증가하더라도 전체적인 효과는 β_K를 줄이는 것이다. 고정된 α_K에 대해 K와 θ의 함수로 β_K를 결정하는 식은 다음과 같다.

$$\beta_K = \left(Z[Z^{-1}[(1-\alpha_K)^{1/K}] - \theta])^K \right.$$

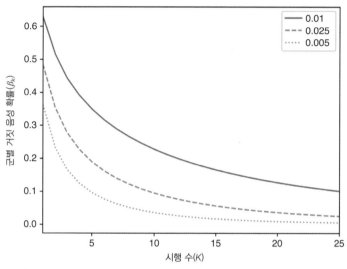

그림 8.6 $\theta \approx 1.9982$와 $\alpha_K \in \{0.01, 0.025, 0.05\}$에 대해 K가 증가할 때의 β_k

8.9 결론

단일 시행하에서 투자 전략의 샤프 비율은 비록 전략 수익률이 비정규 분포라도(정상성을 갖고 에르고딕인 한) 가우시안 분포를 따른다. 연구자들이 전형적으로 시행을 여러 번 하고 이들 중 가장 성과가 좋은 전략을 선택하는 것은 거짓 전략을 선택할 확률을 높인다. 8장에서 테스트셋의 과적합이 발견된 투자 전략을 무효화하는 정도를 평가하는 2개의 대안 절차를 논의했다.

첫째 접근법은 거짓 전략 정리에 의존한다. 이 정리는 최대 샤프 비율의 기대값 $E[\max_k\{\widehat{SR}_k\}]$을 시행 수 K와 시행에 걸친 샤프 비율의 분산 $V[\{\widehat{SR}_k\}]$의 함수로 도출한다. 머신러닝 방법을 사용해 2개의 변수를 추정할 수 있다. 이 $E[\max_k\{\widehat{SR}_k\}]$의 추정치로 $\max_k\{\widehat{SR}_k\}$가 통계적으로 유의한지 테스트하고, 축소 샤프 비율을 사용할 수 있다(베일리와 로페즈 데 프라도 2014).

두 번째 접근법은 시행 수 K를 추정하고, 시다크 조정을 적용해 군별 오차율^{FWER}을 도출한다. FWER은 로(2002)와 머텐즈(2002)에 의해 제안된 분포를 사용해 $\max_k\{\widehat{SR}_k\}$가 통계적으로 유의한지 테스트할 수 있는 조정된 기각 임계값을 제공한다. 연구자들은 이들 군별 거짓 양성 확률과 군별 거짓 음성 확률의 분석적 추정치를 사용해 통계 테스트를 설계할 수 있다.

8.10 연습문제

1. 8.2절에 묘사된 접근법을 따라서 테스트와 연관된 정밀도와 재현율을 $\theta\in[0,\ 1]$의 함수로 그려라. 여기서 $\alpha=\beta=0.05$이고 $K=1$이다. 이것이 직관과 일치하는가?

2. 연습 1을 반복하고, 곡면을 $K=1,\dots,25$의 함수로 그려라. 정밀도와 재현율에 대한 다중 테스트의 전체적 효과는 무엇인가?

3. 5년의 IID 정규 분포 수익률을 가진 전략을 고려하자. 10번 중 가장 좋은 시행은 연율화된 샤프 비율 2를 산출한다. 여기서 연율화된 샤프 비율에 걸친 분산은 1이다.

   (a) 최대 샤프 비율의 기대값은 무엇인가? 힌트: 거짓 전략 정리를 적용하라.

   (b) 1번 시행 후, 2와 같거나 더 큰 최대 샤프 비율을 관측할 확률은 무엇인가? 힌트: 이것은 확률적 샤프 비율이다.

   (c) 10번 시행 후, 2와 같거나 더 큰 최대 샤프 비율을 관측할 확률은 무엇인가? 힌트: 이것은 축소 샤프 비율이다.

4. 단기 가격 이동 평균이 장기 가격 이동 평균을 초과할 때 S&P 500를 매수하는 투자 전략을 고려하자.

   (a) 다음의 다양한 조합을 적용해 1,000개의 전략 수익률 시계열을 생성하라.

     i. 단기 윈도우

     ii. 장기 윈도우

     iii. 손절

     iv. 이익 실현

     v. 최대 보유 기간

   (b) 1,000번 실험으로부터 최대 샤프 비율을 계산하라.

   (c) 8.7절에서 설명한 $E[\max_k\{\widehat{SR_k}\}]$를 도출하라.

   (d) 4(b)와 같거나 더 큰 샤프 비율을 관측할 확률을 계산하라.

5. 연습 4를 반복하라. 이번엔 군별 1종과 2종 오류를 계산하라. 여기서 SR^*는 1,000개의 샤프 비율에 걸친 중위값이다.

A
합성 데이터 테스트

합성 데이터셋을 통해 연구자들은 수천 년의 역사에 해당하는 시계열에 대해 투자 전략을 테스트할 수 있으며, 특정 관측 데이터셋에 과적합되는 것을 방지할 수 있다. 일반적으로 이러한 합성 데이터셋은 리샘플링과 몬테카를로라는 두 가지 접근 방식을 통해 생성될 수 있다. 그림 A.1은 이러한 접근 방식이 어떻게 분기되고 서로 연관되는지를 요약한다.

리샘플링은 관찰된 데이터셋에서 반복적으로 샘플링해 새로운(관측되지 않은) 데이터셋을 생성하는 것으로 구성된다. 리샘플링은 결정론일 수도 있고, 랜덤일 수도 있다. 결정론적 리샘플링의 예로는 잭나이프(단일 샘플 보류leave-one-out), 교차 검증(단일 겹 보류one-fold-out), 조합 교차 검증(순열적 테스트permutation tests)이 있다. 예를 들어, 과거 관측치를 N-겹으로 나누고 k겹을 보류하는 것으로 초래되는 모든 테스트셋을 계산할 수 있다. 이 조합 교차 검증을 통해 $\frac{k}{N}\binom{N}{N-k}$개의 완전한 역사적 경로를 얻을 수 있으며, 이는 단일 경로 역사적 백테스트보다 과적합이 어렵다(구현은 AFML, 12장을 참고하자). 랜덤 리샘플링의 예로는 서브샘플링(복원 없는 랜덤 샘플링)과 부트스트랩(복원을 수반하는 랜덤 샘플링)이 있다. 서브샘플링은 약한 가정에 의존하지만 관측된 데이터셋의 크기가 제한적일 때는 비현실적이다. 부트스트랩

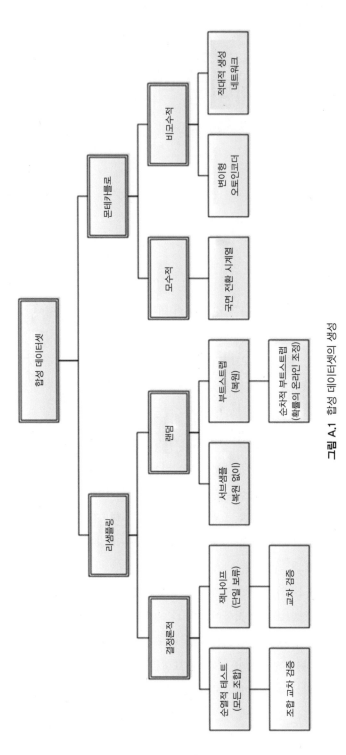

그림 A.1 합성 데이터셋의 생성

은 개별 관측치 또는 그 블록을 추출해 관측된 데이터셋만큼 큰 표본을 생성할 수 있다(따라서 관측치의 계열 의존성을 보존한다). 부트스트랩의 효과는 중심 극한 정리로부터 상속받은 요건인 랜덤 샘플의 독립성에 의존한다. 랜덤 추출을 가능한 한 독립적으로 만들고자 순차적 부트스트랩은 이미 샘플링된 것과 유사한 관측을 추출하는 확률을 온라인으로 조정한다(구현은 AFML 4장을 참고하자).

합성 데이터셋을 생성하기 위한 두 번째 접근법은 몬테카를로다. 몬테카를로는 관측된 데이터셋에서가 아니라 추정된 모집단 또는 데이터 생성 프로세스에서 무작위로 새 데이터 집합을 표본으로 추출한다. 몬테카를로 실험은 모수적 또는 비모수일 수 있다. 모수적 몬테카를로의 예는 국면 전환 시계열 모델(Hamilton 1994)이며, 여러 프로세스 $n = 1,...,N$에서 표본을 추출한다. 그리고 여기서 시점 t에서 프로세스 n으로부터 도출하는 확률 $p_{t,n}$은 이전 관측값이 도출된 프로세스의 함수다(마르코프 체인). 기대값-최대화^{EM} 알고리즘을 사용해 시점 t에서 한 프로세스에서 다른 프로세스로 전이될 확률(전이 확률 행렬)을 추정할 수 있다. 이 모수적 접근 방식은 연구자들이 관측된 데이터셋의 통계적 특성을 일치시킬 수 있게 하며, 이러한 통계적 특성은 그다음 관측되지 않은 데이터셋으로 복제된다. 모수적 몬테카를로의 한 가지 결함은 데이터 생성 프로세스가 유한 집합의 대수적 함수가 복제할 수 있는 것보다 더 복잡할 수 있다는 것이다. 그러한 경우 변이형 오토인코더$^{VAE, Variational Autoencoder}$, 자기 조직 지도$^{SOM, Self-Organizing Map}$ 또는 적대적 생성 네트워크$^{GAN, Generative Adversarial Network}$와 같이 비모수적 몬테카를로 실험이 도움이 될 수 있다. 이러한 방법은 잠재 변수의 비모수적이고 비선형적인 추정기로 이해할 수 있다(비선형 PCA와 유사). 오토인코더는 고차원 관측을 저차원 공간으로 표현하는 방법을 배우는 신경망이다. 변이형 오토인코더는 잠재된 공간을 연속으로 만드는 추가적인 특성을 갖고 있다. 이것은 성공적인 랜덤 샘플링, 보간, 생성 모델로서의 사용을 가능하게 한다. 일단 변이형 오토인코더가 데이터의 기본 구조를 알게 되면 주어진 분산('변이형'이라는 개념을 이해) 내에서 원래 샘플의 통계적 속성과 유사한 새로운 관측치를 생성할 수 있다. 자가 조직-지도는 오차 수정$^{error\ correction}$이라기보다는 경쟁을 통한 학습을 적용한다는 점에서 오토인코더와 다르고, 입력 공간의 위상적 특성을 보존하고자 이웃 함수$^{neighborhood\ function}$[1]를 사용한다. 직대적 생성 네트워크는 2개의 경쟁적 신경망을 훈련하는데 여기서 한 신경망(생성자라고 함)은 분포 함수로부터 시뮬레이션된 관측치를 생성하는 임무를 맡고, 다른 신경망(판별자라고 함)은 실제 관측된 데이터가 주어졌을 때 시뮬레이션된 관측치가 거짓일 가능성을 예측하는 임무를 맡는다. 두 신경망은 서로 경쟁하며, 균형으로 수렴한다. 비모수 몬테카를로가 훈련되는 원 샘플은 데이터 생성 프로세스의 일반적인 특성을 학습할 수 있을 만큼 충분히 대표적이어야 하며, 그렇지 않을 경우 모수적 몬테카를로 접근 방식을 선호해야 한다(예는 AFML 13장을 참고하자).

---

1 이웃간의 영향력을 측정하는 함수로 영향력 함수라고도 한다. - 옮긴이

B

'거짓 전략' 정리의 증명

지수 분포$^{\text{exponential distribution}}$를 따르는 독립 랜덤 변수 샘플에서 최대값은 검벨 분포$^{\text{Gumbel distribution}}$로 점근적으로 수렴한다고 알려져 있다. 증명은 엠브레흐츠 등(Embrechts et al. 2004, 138-47)을 참고하자. 특수한 경우로 검벨 분포는 가우시안 분포의 최대 흡인 정의역$^{\text{maximum domain of attraction}}$[1]을 커버하므로 여러 독립 랜덤 가우시안 변수의 최대값에 대한 기대값을 추정하는 데 사용될 수 있다.

이를 보고자 독립, 동일 분포의 가우시안 랜덤 변수 $y_k \sim \mathscr{N}[0, 1]$, $k = 1,...,K$를 가정하자. 만약 피셔-티페 이론$^{\text{Fisher-Tippet theorem}}$을 가우시안 분포에 적용하면 샘플 최대값의 근사치 다음 식을 성립하는 $\max_k\{y_k\}$를 도출할 수 있다.

$$\lim_{K \to \infty} \text{prob}\left[\frac{\max_k\{y_k\} - \alpha}{\beta} \le x \right] = G[x] \tag{1}$$

여기서 $G[x] = e^{-e^{-x}}$는 표준 검벨 분포에 대한 누적 밀도 함수^{CDF}이고, $\alpha = Z^{-1}[1 - (1/K)]$, $\beta = Z^{-1}[1 - (1/K)e^{-1}] - \alpha$이며, Z^{-1}는 표준 정규 분포

---

1 이 정의역에서 아래의 식 (1)이 성립하는 정규화 상수 (α, β)가 존재한다. - 옮긴이

의 CDF의 역함수에 해당한다. 정규화 상수 (α, β)의 도출을 위해서 레스닉(Resnick 1987)과 엠브레흐츠 등(2003)을 참고하자.

검벨 최대 흡인 정의역의 분포로부터 정규화된 최대값의 기대값 극한(레스닉(1987)의 명제 2.1(iii)을 참고하자)은 다음과 같다.

$$\lim_{K \to \infty} E\left[\frac{\max_k\{y_k\} - \alpha}{\beta}\right] = \gamma \qquad (2)$$

여기서 γ는 오일러-마스체로니 상수$^{\text{Euler-Mascheroni constant}}$로 $\gamma \approx 0.5772\ldots$이다. 충분히 큰 K에 대해 표준 정규 분포 랜덤 변수의 샘플 최대값의 평균은 다음에 의해 근사될 수 있다.

$$E[\max_k\{y_k\}] \approx \alpha + \gamma\beta = (1 - \gamma)Z^{-1}\left[1 - \frac{1}{K}\right] + \gamma Z^{-1}\left[1 - \frac{1}{K}e^{-1}\right] \qquad (3)$$

여기서 $K \gg 1$이다.

이제 추정 성과 통계량 집합 $\{\widehat{SR}_k\}$, $k = 1, \ldots, K$를 고려하자. 여기서 $\{\widehat{SR}_k\}$는 독립 동일 분포의 가우시안 변수다. 즉 $\widehat{SR}_k \sim \mathcal{N}[0, V[\{\widehat{SR}_k\}]]$.

기대값 연산자의 선형성을 이용해 다음 표현을 도출한다.

$$E[\max_k\{\widehat{SR}_k\}]\left(V[\{\widehat{SR}_k\}]\right)^{-1/2} \approx (1 - \gamma)Z^{-1}\left[1 - \frac{1}{K}\right] + \gamma Z^{-1}\left[1 - \frac{1}{Ke}\right] \qquad (4)$$

이것으로 정리의 증명을 마친다.

참고자료

Aggarwal, C., and C. Reddy (2014): *Data Clustering — Algorithms and Applications*. 1st ed. CRC Press.

Ahmed, N., A. Atiya, N. Gayar, and H. El-Shishiny (2010): "An Empirical Comparison of Machine Learning Models for Time Series Forecasting." *Econometric Reviews*, Vol. 29, No. 5 – 6, pp. 594 – 621.

Anderson, G., A. Guionnet, and O. Zeitouni (2009): *An Introduction to Random Matrix Theory*. 1st ed. Cambridge Studies in Advanced Mathematics. Cambridge University Press.

Ballings, M., D. van den Poel, N. Hespeels, and R. Gryp (2015): "Evaluating Multiple Classifiers for Stock Price Direction Prediction." *Expert Systems with Applications*, Vol. 42, No. 20, pp. 7046 – 56.

Bansal, N., A. Blum, and S. Chawla (2004): "Correlation Clustering." *Machine Learning*, Vol. 56, No. 1, pp. 89 – 113.

Benjamini, Y., and D. Yekutieli (2001): "The Control of the False Discovery Rate in Multiple Testing under Dependency." *Annals of Statistics*, Vol. 29, pp. 1165 – 88.

Benjamini, Y., andW. Liu (1999): "A Step-Down Multiple Hypotheses Testing Procedure that Controls the False Discovery Rate under Independence." *Journal of Statistical Planning and Inference*, Vol. 82, pp. 163 – 70.

Benjamini, Y., and Y. Hochberg (1995): "Controlling the False Discovery Rate: A Practical and Powerful Approach to Multiple Testing." *Journal of the Royal Statistical Society*, Series B, Vol. 57, pp. 289 – 300.

Bontempi, G., S. Taieb, and Y. Le Borgne (2012): "Machine Learning Strategies for Time Series Forecasting." *Lecture Notes in Business Information Processing*, Vol. 138, No. 1, pp. 62 – 77.

Booth, A., E. Gerding, and F. McGroarty (2014): "Automated Trading with Performance Weighted Random Forests and Seasonality." *Expert Systems with Applications*, Vol. 41, No. 8, pp. 3651 – 61.

Cao, L., and F. Tay (2001): "Financial Forecasting Using Support Vector Machines." *Neural Computing and Applications*, Vol. 10, No. 2, pp.

184 – 92.

Cao, L., F. Tay, and F. Hock (2003): "Support Vector Machine with Adaptive Parameters in Financial Time Series Forecasting." *IEEE Transactions on Neural Networks*, Vol. 14, No. 6, pp. 1506 – 18.

Cervello–Royo, R., F. Guijarro, and K. Michniuk (2015): "Stockmarket Trading Rule Based on Pattern Recognition and Technical Analysis: Forecasting the DJIA Index with Intraday Data." Expert Systems with Applications, Vol. 42, No. 14, pp. 5963 – 75.

Chang, P., C. Fan, and J. Lin (2011): "Trend Discovery in Financial Time Series Data Using a Case–Based Fuzzy Decision Tree." *Expert Systems with Applications*, Vol. 38, No. 5, pp. 6070 – 80.

Chen,B., and J. Pearl (2013): "Regression andCausation:ACritical Examination of Six Econometrics Textbooks." *Real–World Economics Review*, Vol. 65, pp. 2 – 20.

Creamer, G., and Y. Freund (2007): "A Boosting Approach for Automated Trading." *Journal of Trading*, Vol. 2, No. 3, pp. 84 – 96.

Creamer, G., and Y. Freund (2010): "Automated Trading with Boosting and Expert Weighting." *Quantitative Finance*, Vol. 10, No. 4, pp. 401 – 20.

Creamer, G., Y. Ren, Y. Sakamoto, and J. Nickerson (2016): "A Textual Analysis Algorithm for the Equity Market: The European Case." *Journal of Investing*, Vol. 25, No. 3, pp. 105 – 16.

Dixon, M., D. Klabjan, and J. Bang (2017): "Classification–Based Financial Markets Prediction Using Deep Neural Networks." *Algorithmic Finance*, Vol. 6, No. 3, pp. 67 – 77.

Dunis, C., and M.Williams (2002): "Modelling and Trading the Euro/US Dollar Exchange Rate: Do Neural Network Models Perform Better?" *Journal of Derivatives and Hedge Funds*, Vol. 8, No. 3, pp. 211 – 39.

Easley, D., and J. Kleinberg (2010): *Networks, Crowds, and Markets: Reasoning about a Highly Connected World*. 1st ed. Cambridge University Press.

Easley, D., M. López de Prado, M. O'Hara, and Z. Zhang (2011): "Microstructure in the Machine Age." Working paper.

Efroymson, M. (1960): "Multiple Regression Analysis." In A. Ralston and H. Wilf (eds.), *Mathematical Methods for Digital Computers*. 1st ed. Wiley.

Einav, L., and J. Levin (2014): "Economics in the Age of Big Data." *Science*, Vol. 346, No. 6210. Available at http://science.sciencemag.org/content/346/6210/1243089

Feuerriegel, S., and H. Prendinger (2016): "News–Based Trading

Strategies." *Decision Support Systems*, Vol. 90, pp. 65–74.

Greene, W. (2012): *Econometric Analysis*. 7th ed. Pearson Education.

Harvey, C., and Y. Liu (2015): "Backtesting." *The Journal of Portfolio Management*, Vol. 42, No. 1, pp. 13–28.

Harvey, C., and Y. Liu (2018): "False (and Missed) Discoveries in Financial Economics." Working paper. Available at https://ssrn.com/abstract=3073799

Harvey, C., and Y. Liu (2018): "Lucky Factors." Working paper. Available at https://ssrn.com/abstract=2528780

Hastie, T., R. Tibshirani, and J. Friedman (2016): *The Elements of Statistical Learning: Data Mining, Inference and Prediction*. 2nd ed. Springer.

Hayashi, F. (2000): *Econometrics*. 1st ed. Princeton University Press.

Holm, S. (1979): "A Simple Sequentially Rejective Multiple Test Procedure." *Scandinavian Journal of Statistics*, Vol. 6, pp. 65–70.

Hsu,S., J. Hsieh,T. Chih, andK. Hsu (2009): "ATwo–Stage Architecture for Stock Price Forecasting by Integrating Self–Organizing Map and Support Vector Regression." *Expert Systems with Applications*, Vol. 36, No. 4, pp. 7947–51.

Huang, W., Y. Nakamori, and S. Wang (2005): "Forecasting Stock Market Movement Direction with Support Vector Machine." *Computers and Operations Research*, Vol. 32, No. 10, pp. 2513–22.

Ioannidis, J. (2005): "Why Most Published Research Findings Are False." *PLoS Medicine*, Vol. 2, No. 8. Available at https://doi.org/10.1371/journal.pmed.0020124

James, G., D. Witten, T. Hastie, and R. Tibshirani (2013): *An Introduction to Statistical Learning*. 1st ed. Springer.

Kahn, R. (2018): *The Future of Investment Management*. 1st ed. CFA Institute Research Foundation.

Kara, Y., M. Boyacioglu, and O. Baykan (2011): "Predicting Direction of Stock Price Index Movement Using Artificial Neural Networks and Support Vector Machines: The Sample of the Istanbul Stock Exchange." *Expert Systems with Applications*, Vol. 38, No. 5, pp. 5311–19.

Kim, K. (2003): "Financial Time Series Forecasting Using Support Vector Machines." *Neurocomputing*, Vol. 55, No. 1, pp. 307–19.

Kolanovic, M., and R. Krishnamachari (2017): "Big Data and AI Strategies: Machine Learning and Alternative Data Approach to Investing." *J.P. Morgan Quantitative and Derivative Strategy*, May.

Kolm, P., R. Tutuncu, and F. Fabozzi (2010): "60 Years of Portfolio

Optimization." *European Journal of Operational Research*, Vol. 234, No.2, pp. 356 – 71.

Krauss, C., X. Do, and N. Huck (2017): "Deep Neural Networks, Gradient–Boosted Trees, Random Forests: Statistical Arbitrage on the S&P 500." *European Journal of Operational Research*, Vol. 259, No. 2, pp. 689 – 702.

Kuan, C., and L. Tung (1995): "Forecasting Exchange Rates Using Feedforward and Recurrent Neural Networks." *Journal of Applied Econometrics*, Vol. 10, No. 4, pp. 347 – 64.

Kuhn, H. W., and A. W. Tucker (1952): "Nonlinear Programming." In *Proceedings of 2nd Berkeley Symposium*. University of California Press, pp. 481 – 92.

Laborda, R., and J. Laborda (2017): "Can Tree–Structured Classifiers Add Value to the Investor?" *Finance Research Letters*, Vol. 22, pp. 211 – 26.

López de Prado, M. (2018): "A Practical Solution to the Multiple–Testing Crisis in Financial Research." *Journal of Financial Data Science*, Vol. 1, No. 1. Available at https://ssrn.com/abstract=3177057

López de Prado, M., and M. Lewis (2018): "Confidence and Power of the Sharpe Ratio under Multiple Testing." Working paper. Available at https://ssrn.com/abstract=3193697

MacKay, D. (2003): *Information Theory, Inference, and Learning Algorithms*. 1st ed. Cambridge University Press.

Marcenko, V., and L. Pastur (1967): "Distribution of Eigenvalues for Some Sets of Random Matrices." *Matematicheskii Sbornik*, Vol. 72, No. 4, pp. 507 – 36.

Michaud, R. (1998): *Efficient Asset Allocation: A Practical Guide to Stock Portfolio Optimization and Asset Allocation*. Boston: Harvard Business School Press.

Nakamura, E. (2005): "Inflation Forecasting Using a Neural Network." *Economics Letters*, Vol. 86, No. 3, pp. 373 – 78.

Olson, D., and C. Mossman (2003): "Neural Network Forecasts of Canadian Stock Returns Using Accounting Ratios." *International Journal of Forecasting*, Vol. 19, No. 3, pp. 453 – 65.

Otto, M. (2016): *Chemometrics: Statistics and Computer Application in Analytical Chemistry*. 3rd ed. Wiley.

Patel, J., S. Sha, P. Thakkar, and K. Kotecha (2015): "Predicting Stock and Stock Price Index Movement Using Trend Deterministic Data Preparation and Machine Learning Techniques." *Expert Systems with Applications*, Vol. 42, No. 1, pp. 259 – 68.

Pearl, J. (2009): "Causal Inference in Statistics: An Overview." *Statistics Surveys*, Vol. 3, pp. 96 – 146.

Plerou, V., P. Gopikrishnan, B. Rosenow, L. Nunes Amaral, and H. Stanley(1999): "Universal and Nonuniversal Properties of Cross Correlations in Financial Time Series." *Physical Review Letters*, Vol. 83, No. 7, pp. 1471 – 74.

Porter, K. (2017): "Estimating Statistical Power When Using Multiple Testing Procedures." Available at www.mdrc.org/sites/default/files/ PowerMultiplicity—IssueFocus.pdf

Potter, M., J. P. Bouchaud, and L. Laloux (2005): "Financial Applications of Random Matrix Theory: Old Laces and New Pieces." *Acta Physica Polonica B*, Vol. 36, No. 9, pp. 2767 – 84.

Qin, Q., Q. Wang, J. Li, and S. Shuzhi (2013): "Linear and Nonlinear Trading Models with Gradient Boosted Random Forests and Application to Singapore Stock Market." *Journal of Intelligent Learning Systems and Applications*, Vol. 5, No. 1, pp. 1 – 10.

Robert, C. (2014): "On the Jeffreys – Lindley Paradox." *Philosophy of Science*, Vol. 81, No. 2, pp. 216 – 32.

Shafer, G. (1982): "Lindley's Paradox." *Journal of the American Statistical Association*, Vol. 77, No. 378, pp. 325 – 34.

Simon, H. (1962): "The Architecture of Complexity." *Proceedings of the American Philosophical Society*, Vol. 106, No. 6, pp. 467 – 82.

SINTEF (2013): "Big Data, for Better or Worse: 90% of World's Data Generated over Last Two Years." *Science Daily*, May 22. Available at www.sciencedaily.com/releases/2013/05/130522085217.htm

Sorensen, E., K. Miller, and C. Ooi (2000): "The Decision Tree Approach to Stock Selection." *Journal of Portfolio Management*, Vol. 27, No. 1, pp. 42 – 52.

Theofilatos, K., S. Likothanassis, and A. Karathanasopoulos (2012): "Modeling and Trading the EUR/USD Exchange Rate Using Machine Learning Techniques." *Engineering, Technology and Applied Science Research*, Vol. 2, No. 5, pp. 269 – 72.

Trafalis, T., and H. Ince (2000): "Support Vector Machine for Regression and Applications to Financial Forecasting." *Neural Networks*, Vol. 6, No. 1, pp. 348 – 53.

Trippi, R., and D. DeSieno (1992): "Trading Equity Index Futures with a Neural Network." *Journal of Portfolio Management*, Vol. 19, No. 1, pp. 27 – 33.

Tsai, C., and S. Wang (2009): "Stock Price Forecasting by Hybrid Machine Learning Techniques." *Proceedings of the International*

Multi−Conference of Engineers and Computer Scientists, Vol. 1, No. 1, pp. 755 − 60.

Tsai, C., Y. Lin, D. Yen, and Y. Chen (2011): "Predicting Stock Returns by Classifier Ensembles." *Applied Soft Computing*, Vol. 11, No. 2, pp. 2452 − 59.

Tsay, R. (2013): *Multivariate Time Series Analysis: With R and Financial Applications*. 1st ed. Wiley.

Wang, J., and S. Chan (2006): "Stock Market Trading Rule Discovery Using Two-Layer Bias Decision Tree." *Expert Systems with Applications*, Vol. 30, No. 4, pp. 605 − 11.

Wang, Q., J. Li, Q. Qin, and S. Ge (2011): "Linear, Adaptive and Nonlinear Trading Models for Singapore Stock Market with Random Forests." In *Proceedings of the 9th IEEE International Conference on Control and Automation*, pp. 726 − 31.

Wei, P., and N. Wang (2016): "Wikipedia and Stock Return: Wikipedia Usage Pattern Helps to Predict the Individual Stock Movement." In *Proceedings of the 25th International Conference Companion on World Wide Web*, Vol. 1, pp. 591 − 94.

Wooldridge, J. (2010): *Econometric Analysis of Cross Section and Panel Data*. 2nd ed. MIT Press.

Wright, S. (1921): "Correlation and Causation." *Journal of Agricultural Research*, Vol. 20, pp. 557 − 85.

Żbikowski, K. (2015): "Using VolumeWeighted Support Vector Machines with Walk Forward Testing and Feature Selection for the Purpose of Creating Stock Trading Strategy." *Expert Systems with Applications*, Vol. 42, No. 4, pp. 1797 − 1805.

Zhang, G., B. Patuwo, and M. Hu (1998): "Forecasting with Artificial Neural Networks: The State of the Art." *International Journal of Forecasting*, Vol. 14, No. 1, pp. 35 − 62.

Zhu, M., D. Philpotts, and M. Stevenson (2012): "The Benefits of Tree−Based Models for Stock Selection." *Journal of Asset Management*, Vol. 13, No. 6, pp. 437 − 48.

Zhu, M., D. Philpotts, R. Sparks, and J. Stevenson (2011): "A Hybrid Approach to Combining CARTand Logistic Regression for Stock Ranking." *Journal of Portfolio Management*, Vol. 38, No. 1, pp. 100 − 109.

참고문헌

American Statistical Association (2016): "Statement on Statistical Significance and P-Values." Available at www.amstat.org/asa/files/pdfs/P-ValueStatement.pdf

Apley, D. (2016): "Visualizing the Effects of Predictor Variables in Black Box Supervised Learning Models." Available at https://arxiv.org/abs/1612.08468

Athey, Susan (2015): "Machine Learning and Causal Inference for Policy Evaluation." In *Proceedings of the 21st ACM SIGKDD International Conference on Knowledge Discovery and Data Mining*, pp. 5 – 6. ACM.

Bailey, D., and M. López de Prado (2012): "The Sharpe Ratio Efficient Frontier." *Journal of Risk*, Vol. 15, No. 2, pp. 3 – 44.

Bailey, D., and M. López de Prado (2013): "An Open-Source Implementation of the Critical-Line Algorithm for Portfolio Optimization." *Algorithms*, Vol. 6, No. 1, pp. 169 – 96. Available at http://ssrn.com/abstract=2197616

Bailey, D., and M. López de Prado (2014): "The Deflated Sharpe Ratio: Correcting for Selection Bias, Backtest Overfitting and Non-Normality." *Journal of Portfolio Management*, Vol. 40, No. 5, pp. 94 – 107.

Bailey, D., J. Borwein, M. López de Prado, and J. Zhu (2014): "Pseudo-mathematics and Financial Charlatanism: The Effects of Backtest Overfitting on Out-of-Sample Performance." *Notices of the American Mathematical Society*, Vol. 61, No. 5, pp. 458 – 71. Available at http://ssrn.com/abstract=2308659

Black, F., and R. Litterman (1991): "Asset Allocation Combining Investor Views with Market Equilibrium." *Journal of Fixed Income*, Vol. 1, No. 2, pp. 7 – 18.

Black, F., and R. Litterman (1992): "Global Portfolio Optimization." *Financial Analysts Journal*, Vol. 48, No. 5, pp. 28 – 43.

Breiman, L. (2001): "Random Forests." *Machine Learning*, Vol. 45, No. 1, pp. 5 – 32.

Brian, E., and M. Jaisson (2007): "Physico−theology and Mathematics (1710 – 1794)." In *The Descent of Human Sex Ratio at Birth*. Springer

Science & Business Media, pp. 1 – 25.

Brooks, C., and H. Kat (2002): "The Statistical Properties of Hedge Fund Index Returns and Their Implications for Investors." *Journal of Alternative Investments*, Vol. 5, No. 2, pp. 26 – 44.

Cavallo, A., and R. Rigobon (2016): "The Billion Prices Project: Using Online Prices for Measurement and Research." NBER Working Paper 22111, March.

CFTC (2010): "Findings Regarding the Market Events of May 6, 2010." *Report of the Staffs of the CFTC and SEC to the Joint Advisory Committee on Emerging Regulatory Issues*, September 30.

Christie, S. (2005): "Is the Sharpe Ratio Useful in Asset Allocation?" MAFC Research Paper 31. Applied Finance Centre, Macquarie University.

Clarke, Kevin A. (2005): "The Phantom Menace: Omitted Variable Bias in Econometric Research." *Conflict Management and Peace Science*, Vol. 22, No. 1, pp. 341 – 52.

Clarke, R., H. De Silva, and S. Thorley (2002): "Portfolio Constraints and the Fundamental Law of Active Management." *Financial Analysts Journal*, Vol. 58, pp. 48 – 66.

Cohen, L., and A. Frazzini (2008): "Economic Links and Predictable Returns." *Journal of Finance*, Vol. 63, No. 4, pp. 1977 – 2011.

De Miguel, V., L. Garlappi, and R. Uppal (2009): "Optimal versus Naive Diversification: How Inefficient Is the 1/N Portfolio Strategy?" *Review of Financial Studies*, Vol. 22, pp. 1915 – 53.

Ding, C., and X. He (2004): "K–Means Clustering via Principal Component Analysis." In *Proceedings of the 21st International Conference on Machine Learning*. Available at http://ranger.uta.edu/~chqding/papers/KmeansPCA1.pdf

Easley, D., M. López de Prado, and M. O'Hara (2011a): "Flow Toxicity and Liquidity in a High–FrequencyWorld." *Review of Financial Studies*, Vol. 25, No. 5, pp. 1457 – 93.

Easley, D., M. López de Prado, and M. O'Hara (2011b): "The Microstructure of the 'Flash Crash': Flow Toxicity, Liquidity Crashes and the Probability of Informed Trading." *Journal of Portfolio Management*, Vol. 37, No. 2, pp. 118 – 28.

Efron, B., and T. Hastie (2016): *Computer Age Statistical Inference: Algorithms, Evidence, and Data Science*. 1st ed. Cambridge University Press.

Embrechts, P., C. Klueppelberg, and T. Mikosch (2003): *Modelling Extremal Events*. 1st ed. Springer.

Goutte, C., P. Toft, E. Rostrup, F. Nielsen, and L. Hansen (1999): "On Clustering fMRI Time Series." *NeuroImage*, Vol. 9, No. 3, pp. 298 – 310.

Grinold, R., and R. Kahn (1999): *Active Portfolio Management*. 2nd ed. McGraw-Hill.

Gryak, J., R. Haralick, and D. Kahrobaei (Forthcoming): "Solving the Conjugacy Decision Problem via Machine Learning." *Experimental Mathematics*. Available at https://doi.org/10.1080/10586458.2018.1 434704

Hacine-Gharbi, A., and P. Ravier (2018): "A Binning Formula of Bi-histogram for Joint Entropy Estimation Using Mean Square Error Minimization." *Pattern Recognition Letters*, Vol. 101, pp. 21 – 28.

Hacine-Gharbi, A., P. Ravier, R. Harba, and T. Mohamadi (2012): "Low Bias Histogram-Based Estimation of Mutual Information for Feature Selection." *Pattern Recognition Letters*, Vol. 33, pp. 1302 – 8.

Hamilton, J. (1994): *Time Series Analysis*. 1st ed. Princeton University Press.

Harvey, C., Y. Liu, and C. Zhu (2016): ". . . and the Cross-Section of Expected Returns." *Review of Financial Studies*, Vol. 29, No. 1, pp. 5 – 68. Available at https://ssrn.com/abstract=2249314

Hodge, V., and J. Austin (2004): "A Survey of Outlier Detection Methodologies." *Artificial Intelligence Review*, Vol. 22, No. 2, pp. 85 – 126.

IDC (2014): "The Digital Universe of Opportunities: Rich Data and the Increasing Value of the Internet of Things." *EMC Digital Universe with Research and Analysis*. April. Available at www.emc.com/leadership/digital-universe/2014iview/index.htm

Ingersoll, J., M. Spiegel, W. Goetzmann, and I. Welch (2007): "Portfolio Performance Manipulation and Manipulation-Proof Performance Measures." *The Review of Financial Studies*, Vol. 20, No. 5, pp. 1504 – 46.

Jaynes, E. (2003): *Probability Theory: The Logic of Science*. 1st ed. Cambridge University Press.

Jolliffe, I. (2002): *Principal Component Analysis*. 2nd ed. Springer.

Kraskov, A., H. Stoegbauer, and P. Grassberger (2008): "Estimating Mutual Information." Working paper. Available at https://arxiv.org/abs/cond-mat/0305641v1

Laloux, L., P. Cizeau, J. P. Bouchaud, and M. Potters (2000): "Random Matrix Theory and Financial Correlations." *International Journal of Theoretical and Applied Finance*, Vol. 3, No. 3, pp. 391 – 97.

Ledoit, O., and M. Wolf (2004): "A Well-Conditioned Estimator for Large-Dimensional Covariance Matrices." *Journal of Multivariate Analysis*, Vol. 88, No. 2, pp. 365 – 411.

Lewandowski, D., D. Kurowicka, and H. Joe (2009): "Generating Random Correlation Matrices Based on Vines and Extended Onion Method." *Journal of Multivariate Analysis*, Vol. 100, pp. 1989 – 2001.

Liu, Y. (2004): "A Comparative Study on Feature Selection Methods for Drug Discovery." *Journal of Chemical Information and Modeling*, Vol. 44, No. 5, pp. 1823 – 28. Available at https://pubs.acs.org/doi/abs/10.1021/ci049875d

Lo, A. (2002): "The Statistics of Sharpe Ratios." *Financial Analysts Journal*, July, pp. 36 – 52.

Lochner, M., J. McEwen, H. Peiris, O. Lahav, and M. Winter (2016): "Photometric Supernova Classification with Machine Learning." *The Astrophysical Journal*, Vol. 225, No. 2. Available at http://iopscience.iop.org/article/10.3847/0067−0049/225/2/31/meta

López de Prado, M. (2016): "Building Diversified Portfolios that Outperform Out-of-Sample." *Journal of Portfolio Management*, Vol. 42, No. 4, pp. 59 – 69.

López de Prado, M. (2018a): *Advances in Financial Machine Learning.* 1st ed. Wiley.

López de Prado, M. (2018b): "The 10 Reasons Most Machine Learning Funds Fail." *The Journal of Portfolio Management*, Vol. 44, No. 6, pp. 120 – 33.

López de Prado, M. (2019a): "A Data Science Solution to the Multiple−Testing Crisis in Financial Research." *Journal of Financial Data Science*, Vol. 1, No. 1, pp. 99 – 110.

López de Prado, M. (2019b): "Beyond Econometrics: A Roadmap towards Financial Machine Learning." Working paper. Available at https://ssrn.com/abstract=3365282

López de Prado, M. (2019c): "Ten Applications of Financial Machine Learning." Working paper. Available at https://ssrn.com/abstract=3365271

López de Prado, M., and M. Lewis (2018): "Detection of False Investment Strategies Using Unsupervised Learning Methods." Working paper. Available at https://ssrn.com/abstract=3167017

Louppe, G., L. Wehenkel, A. Sutera, and P. Geurts (2013): "Understanding Variable Importances in Forests of Randomized Trees." In *Proceedings of the 26th International Conference on Neural*

Information Processing Systems, pp. 431 – 39.

Markowitz, H. (1952): "Portfolio Selection." *Journal of Finance*, Vol. 7, pp. 77 – 91.

Meila, M. (2007): "Comparing Clusterings – an Information Based Distance." *Journal of Multivariate Analysis*, Vol. 98, pp. 873 – 95.

Mertens, E. (2002): "Variance of the IID estimator in Lo (2002)." Working paper, University of Basel.

Molnar, C. (2019): "Interpretable Machine Learning: A Guide for Making Black–Box Models Explainable." Available at https://christophm. github.io/interpretable-ml-book/

Mullainathan, S., and J. Spiess (2017): "Machine Learning: An Applied Econometric Approach." *Journal of Economic Perspectives*, Vol. 31, No. 2,pp. 87 – 106.

Neyman, J., and E. Pearson (1933): "IX. On the Problem of the Most Efficient Tests of Statistical Hypotheses." *Philosophical Transactions of the Royal Society, Series A*, Vol. 231, No. 694 – 706, pp. 289 – 337.

Opdyke, J. (2007): "Comparing Sharpe Ratios: So Where Are the p–Values?" *Journal of Asset Management*, Vol. 8, No. 5, pp. 308 – 36.

Parzen, E. (1962): "On Estimation of a Probability Density Function and Mode." *The Annals of Mathematical Statistics*, Vol. 33, No. 3, pp. 1065 – 76.

Resnick, S. (1987): *Extreme Values, Regular Variation and Point Processes*. 1st ed. Springer.

Romer, P. (2016): "The Trouble with Macroeconomics." *The American Economist*, September 14.

Rosenblatt, M. (1956): "Remarks on Some Nonparametric Estimates of a Density Function." *The Annals of Mathematical Statistics*, Vol. 27, No. 3, pp. 832 – 37.

Rousseeuw, P. (1987): "Silhouettes: A Graphical Aid to the Interpretation and Validation of Cluster Analysis." *Computational and Applied Mathematics*, Vol. 20, pp. 53 – 65.

Schlecht, J., M. Kaplan, K. Barnard, T. Karafet, M. Hammer, and N. Merchant(2008): "Machine-Learning Approaches for Classifying Haplogroup from Y Chromosome STR Data." *PLOS Computational Biology*, Vol. 4, No. 6. Available at https://doi.org/10.1371/journal. pcbi.1000093

Sharpe, W. (1966): "Mutual Fund Performance." *Journal of Business*, Vol. 39, No. 1, pp. 119 – 38.

Sharpe, W. (1975): "Adjusting for Risk in Portfolio Performance Measurement." *Journal of Portfolio Management*, Vol. 1, No. 2, pp. 29 – 34.

Sharpe, W. (1994): "The Sharpe Ratio." *Journal of Portfolio Management*, Vol. 21, No. 1, pp. 49 – 58.

Šidàk, Z. (1967): "Rectangular Confidence Regions for the Means of Multivariate Normal Distributions." *Journal of the American Statistical Association*, Vol. 62, No. 318, pp. 626 – 33.

Solow, R. (2010): "Building a Science of Economics for the Real World." Prepared statement of Robert Solow, Professor Emeritus, MIT, to the House Committee on Science and Technology, Subcommittee on Investigations and Oversight, July 20.

Steinbach, M., E. Levent, and V. Kumar (2004): "The Challenges of Clustering High Dimensional Data." In L. Wille (ed.), *New Directions in Statistical Physics*. 1st ed. Springer, pp. 273 – 309.

Štrumbelj, E., and I. Kononenko (2014): "Explaining Prediction Models and Individual Predictions with Feature Contributions." *Knowledge and Information Systems*, Vol. 41, No. 3, pp. 647 – 65.

Varian, H. (2014): "Big Data: New Tricks for Econometrics." *Journal of Economic Perspectives*, Vol. 28, No. 2, pp. 3 – 28.

Wasserstein, R., A. Schirm, and N. Lazar (2019): "Moving to a World beyond $p < 0.05$." *The American Statistician*, Vol. 73, No. 1, pp. 1 – 19.

Wasserstein, R., and N. Lazar (2016): "The ASA's Statement on p–Values: Context, Process, and Purpose." *The American Statistician*, Vol. 70, pp. 129 – 33.

Witten, D., A. Shojaie, and F. Zhang (2013): "The Cluster Elastic Net for High–Dimensional Regression with Unknown Variable Grouping." *Technometrics*, Vol. 56, No. 1, pp. 112 – 22.

케임브리지 엘리먼트 퀀트 금융 시리즈

리카르도 레보나토 에드헥 경영대학원

리카르도 레보나토[Ricardo Rebonato] 편집장은 에드헥 경영대학원[EDHEC Business School]의 재무학 교수로 에드헥 위험 연구소의 핌코[PIMCO] 연구 소장을 맡고 있다. 임페리얼 칼리지, 런던 대학교, 옥스퍼드 대학교에서 교수를 역임했으며, 핌코에서 글로벌 채권 및 외환 분석 책임자, 몇몇 주요 국제 은행의 리서치, 리스크 관리 및 파생상품 거래 책임자를 역임했다. 이전에 ISDA와 GARP의 이사회에 근무한 적이 있으며, 현재 Nine Dot Prize의 이사회에 재직하고 있다. 『Bond Pricing and Yield Curve Modelling(채권가격결정 및 수익률 곡선 모델링)』(Cambridge University Press, 2018)을 포함한 재무 및 리스크 관리에 관한 다수의 서적과 논문의 저자다.

시리즈 소개

케임브리지 엘리먼트 퀀트 금융 시리즈[Cambridge Elements in Quantitative Finance]는 퀀트 금융 분야의 모든 주요 주제를 다루고자 한다. 고급 학부생이나 대학원생 및 실무자에게 적합한 수준으로 작성됐으며, 저자의 개인적 전문 분야를 망라한 독창적인 연구에 대한 보고서, 신흥 방법론에 대한 자습서와 마스터 클래스, 가장 중요한 문헌에 대한 리뷰를 다룬다.

찾아보기

Machine Learning for Asset Managers
자산운용을 위한 금융 머신러닝

발 행 | 2021년 1월 26일

지은이 | 마르코스 로페즈 데 프라도
옮긴이 | 이 기 홍

펴낸이 | 권 성 준
편집장 | 황 영 주
편 집 | 조 유 나
디자인 | 윤 서 빈

에이콘출판주식회사
서울특별시 양천구 국회대로 287 (목동)
전화 02-2653-7600, 팩스 02-2653-0433
www.acornpub.co.kr / editor@acornpub.co.kr

한국어판 ⓒ 에이콘출판주식회사, 2021, Printed in Korea.
ISBN 979-11-6175-491-8
http://www.acornpub.co.kr/book/ml-asset-managers

책값은 뒤표지에 있습니다.